문화가 꽃피는 화랑
신라대학교

최승복, 양승훈, 황인주

목차

프롤로그   4

학교 소개   5

    1. 입구에서 도서관   13

    2. 미술관에서 예음관   35

    3. 예락뜰에서 백양관   49

    4. 인문관에서 상경관   63

    5. 사범관에서 공학관   77

    6. 대학본부동에서 글로벌타운   97

    7. 화랑관에서 대운동장   111

    8. 의생명관에서 미래항공융합센터   125

    9. 산책로   141

    10. 전체 학교 전경   155

    11. 신라 사계   173

맺음말   200

작품 리스트   202

참고문헌   206

문화가 꽃피는 화랑

프롤로그

　백양산 숲 속 캠퍼스는 아름답고 향기로운 문화 공간입니다. 어느 특별한 하나가 아닌 거의 모든 요소요소에 이르기 까지, 시처럼 전개되고 어느새 우리의 마음은 평화로워집니다.

　자연 속 캠퍼스는 사계절에 따라 그 모습이 달라집니다. 봄, 여름, 가을, 겨울 사계절의 아름다움은 물론 시시각각 변화하는 자연을 한 번에 포옹하기에는 그리 쉽지 않습니다. 거기에는 아름다운 건축이 있고 음악이 있고 예술이 있으며, 시공을 뛰어 넘어 문화와 이야기가 살아 있는 곳입니다. 자연 속 캠퍼스는 아마도 시각적 구성이 될 수 있는 매우 신비롭고 흥미 있는 개념을 지니고 있습니다.

　여러 사람이 함께 있다 보면 반드시 갈등이 일어나는데, 백양산 숲 속 캠퍼스는 이러한 갈등이 좀처럼 보여지지 않습니다. 평화로운 자연처럼, 숲 속 캠퍼스와 그 속에 만들어지는 문화 요소를 통해 함께 어우러져 잘 살 수 있는 관계의 망을 구축하는 노력이 필요한 것 같습니다.

　함께 만들어 가는 문화를 만들기로 했습니다. 캠퍼스 속 진솔한 문화 이야기를 함께 집필해 주신 양승훈 교수님과 황인주 교수님, 공간 속 아름다움을 사진으로 만들어 제공해주신 대외협력실 배주환 팀장님과 정재은 선생님, 문화의 꽃을 피워주시기 위해 캠퍼스의 담백함을 유화로 표현하여 선물해주신 중국의 냉침 선생님, 표지에서 각 건물의 세부 모습을 장면장면 디자인 작업을 해준 유아영 학생과 정윤영 학생 등 캠퍼스를 사랑하는 아름다운 분들이 서로 서로 문화의 진솔한 감정들을 이야기할 수 있도록 도움 주셨습니다. 아름다운 문화 공간을 제공해주신 학교 이사장님과 총장님께 감사를 드립니다. 백양산 숲 속 캠퍼스가 만들어 주는 아름다운 문화에 감사하며

진솔한 이야기를 시작해봅니다
2024. 11. 08
백양산 숲 속 캠퍼스에서

학교소개

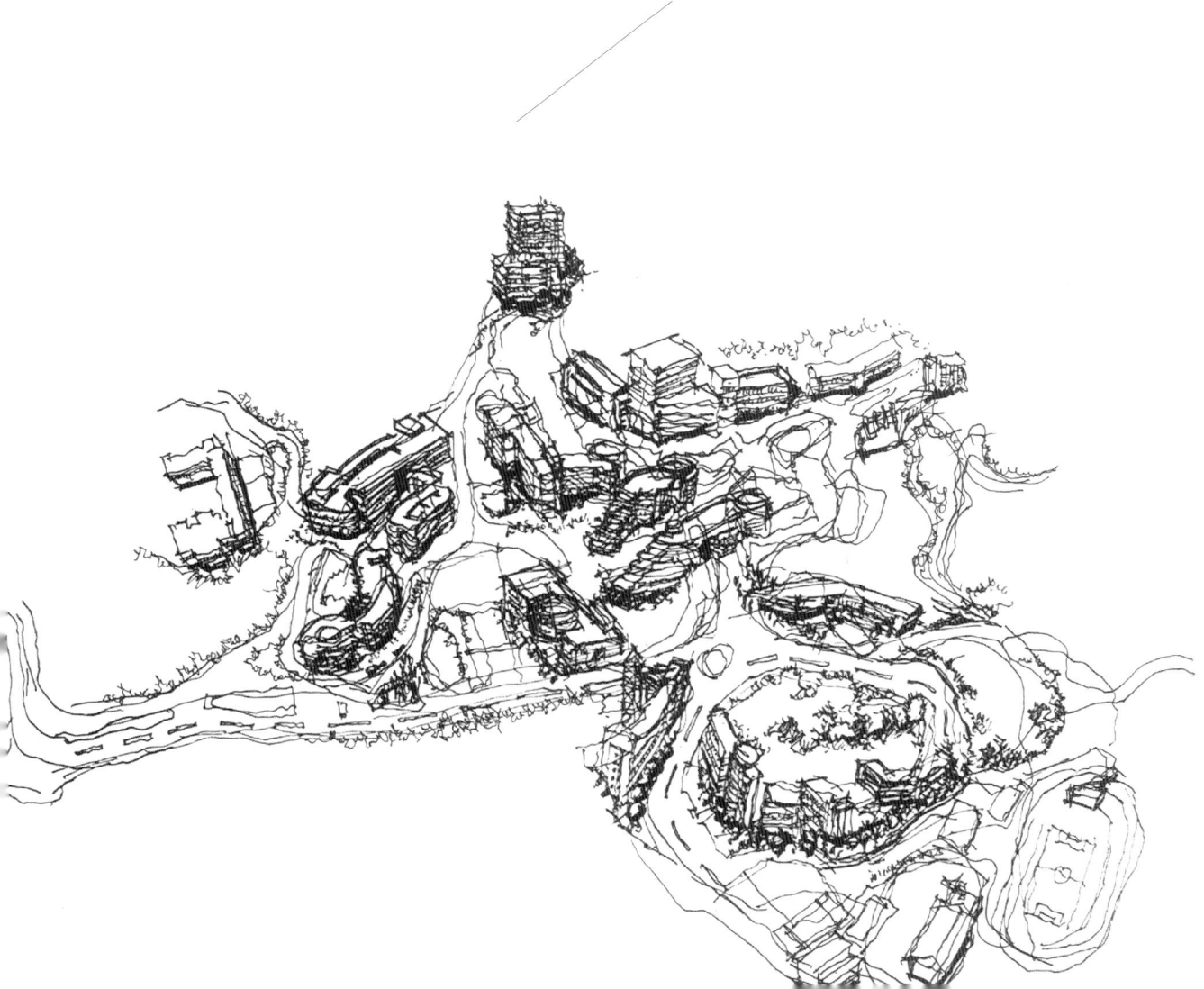

"博愛育英"

博愛主義 실천의 英才敎育

앞서가는 한국적인 여성 지도자를 배출하기 위하여 설립된 학교법인 박영학원은 1954년 박영택 선생의 '博愛主義 실천의 英才敎育'

즉, 이웃을 위하여 앞장서 일하는 사랑과 봉사 정신의 이념에 따라 부산여자초급대학을 설립하였다.

이러한 창립자의 숭고한 뜻을 받들어 후예인 박해곤 선생이 조국의 미래를 선도하고, 인류를 위하여 공헌할 진취적인 여성 지도자를 육성하기 위하여 4년제 부산여자대학교로 발전시켰다. 21세기 지식·정보사회의 다양성 있는 사회에 적응할 '創意力 있는 人材養成'을 위하여 1997년 신라대학교로 제2의 창학을 하였다.

博愛主義 실천의 英才敎育

즉, 이웃을 위하여 앞장서 일하는 사랑과
봉사정신의 이념.

인간을 사랑하고 사회에 봉사할 수 있는 인재를 육성하여 조국의 미래를 선도하고,
나아가 인류공영에 이바지하고자 한다.

진리
眞理

신라대학교
교훈

창조
創造

사랑
愛

문화가 꽃피는 화랑

캠퍼스 안내
Campus

자연을 닮은 캠퍼스
미래를 담는 캠퍼스

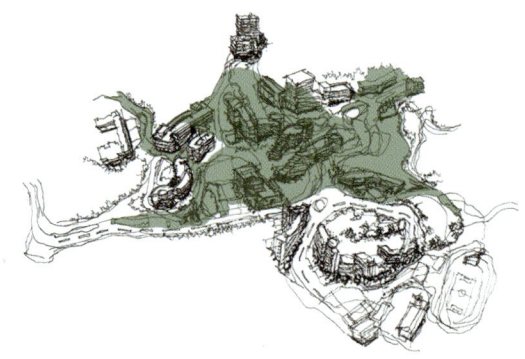

그린 캠퍼스 구축

신라대학교는 교육과 연구, 정책 개발의 중심적인 역할을 하며 환경문제 및 사회문제에 대한 혁신적인 해결방안을 개발하고 제시할 수 있는 풍부한 자원과 인력을 가지고 있고, 책임감을 가지고 지속가능한 캠퍼스의 구현을 위해 노력하고 있습니다. 대학 캠퍼스는 많은 구성원이 함께 모여 살며 다양한 문제를 발생시키는 공간입니다. 따라서 에너지와 자원을 효율적으로 사용하고 환경을 보호하는 친환경적 경영을 추구해 나가야 합니다.

그린 캠퍼스를 지향하여 기존 캠퍼스의 축에 순응하여 주변시설과의 연계를 고려하였습니다. 보행공간의 확충과 입체 동선을 계획하였고 건물의 연계공간을 이용하여 부족한 실을 구성하였습니다. 그리고 다양한 친환경 요소를 사용하였고, 동선계획은 보행중심의 차 없는 캠퍼스 등을 주요 내용으로 하며, 자연 친수공간의 개발과 보행축을 통한 지역과의 연계를 중요시하였습니다.

개방공간과 오픈공간을 최대한 이용한 지역주민 또는 학생들 간의 소통과 커뮤니티를 중요시하였습니다. 동선계획은 캠퍼스 내 도로와 주차장을 분리하고 보행자, 자전거 이용자의 편의를 도모하며, 그린 공간을 통한 연계성을 강화하였습니다.

　지속가능한 미래의 실현을 위해 새로운 가치 창출이 필요하며, 대학캠퍼스 역시 생태지향적 원리를 바탕으로 모든 구성원이 함께 이루어 가는, 인간과 자연이 공존할 수 있는 에코캠퍼스로 나아 가야 할 것입니다

신라대학교 70년

구분		년도	주요 연혁
창립기	부산여자대숙기	1954-1964	• 재단법인 박영학원 설립인가 • 박영택 초대 이사장 취임 • 부산여자대숙 신입생 모집(여성 고등교육기관)
성장기	부산여자초급대학기	1964-1970	• 부산여자초급대학 설립인가 • 학교법인 박영학원 법인명 변경 • 초대 제1회 졸업식 • 병설 부일 여자중학교 개교 • 제2대 박해곤 이사장 취임 • 4년제 정규대학인 부산여자대학으로 승격

구분		년도	주요 연혁
발전기	부산여자대학기	1970–1992	• 학과 개편, 증설 및 증원 인가를 통한 발전 • 고등연구인력 양성을 위한 대학원 설치 인가 • 석사학위 수여 1호 • 백양캠퍼스 기공
팽창기	부산여자대학기	1992–1997	• 캠퍼스 건물 준공 • 부산여자대학교 승격 • 김무남 초대총장 취임 • 평생교육원 설치(대학의 사회적 책임 완수) • 교육부 주관 '96 교육개혁추진 우수대학 선정
도약기	백양캠퍼스 정착기	1997–2000	• 남녀공학으로 전환하여 명실상부한 종합대학으로 승격: 신라대학으로 교명변경 • 교육부 대학종합평가 인정
비상기	백양캠퍼스 확장기	2000–2004	• 대학원 박사과정 신설 • 교육부 지방대학 육성사업 재정지원대학 선정 • 한국대학신문 주최 아름다운 대학캠퍼스 선정
변화와 혁신 새로운 도약기		2004–현재	• 창학50주년 기념식 • 국외 유수 대학과의 학술교류 • 정부 주요 사업 수주 및 표창 • 해외유학생 유치사업 및 해외 인턴 취업지원사업 본격화 • 학부교육 선진화 선도대학 지원사업(ACE) 선정 • 교육부 주관 대학 특성화 사업 다수 선정 • 박영학원 창학 60주년 기념식 • 박언표 3대 이사장 취임 • 종합강의동 준공 • 허남식 9대 총장 취임

주: 신라대(2004) 신라대학교 50년사를 기본으로 정리

① 입구에서 도서관

문화가 꽃피는 화랑

▲ 벚꽃길

"벚에 취하고~~, 꽃에 취하고~~"

학생들은 벌써 꽃에 취할 나이가 되었나요? 조금 이른 감이 있지만 봄기운이 만연하기 시작하면 신라대학교의 새학기가 더욱 더 활기차게 느껴집니다.

▲ 용마상

　우리 학교의 상징물은 용마(龍馬)입니다. 정문을 통과하면 바로 보입니다. 용마는 전설 속에 나오는 상상의 말로 옛 신라인들이 상징으로 즐겨 썼다는 점에서 천마(天馬)라고도 하지요. 경주에 가면 천마총이 있습니다. 서양에서는 페가수스(Pegasus)라고 해서 역시 상상 속의 동물입니다. 용마는 동양이나 서양이나 날개를 가지고 힘차게 박차 오르면서 마침내 하늘을 훨훨 납니다. 말은 힘과 활력의 상징입니다. 힘의 측정을 마력(馬力)으로 표현하기도 합니다. 학생 여러분 등교할 때마다 말의 힘과 기(氣)를 직접 받아 보시기 바랍니다.

정문 앞 덕포지

　연못 속에 희고 붉은 형형색색의 수련(Water lily)들의 편안한 모습이 짙은 녹음으로 가득한 풍경을 한층 풍성하게 만들어 주고 있습니다. 수면을 가득 채운 수련은 더위에 지쳐 보이지도 않고 각자 더한 아름다움을 발하고 있습니다. 자신은 더러운 진흙에서 단아한 아름다움으로 세상을 밝혀 주는 이유를 알 것 같기도 합니다.

▲ 입구 연못(수련, 어리연꽃)

　수련(睡蓮)은 밤이면 오므라들어 잠을 자는 특성에서 유래한 이름입니다. 흰색, 자주색, 붉은색, 주홍색, 청색 등 형형색색의 빛깔로 무리 지어 피어 한 여름 내내 연못을 장식합니다. 아름답기는 하지만 너무 빼곡히 군락을 지어 있으며 연꽃과 달리 수면에 바짝 달라 붙어 피기 때문에 맨 가장자리 꽃잎은 항상 흙과 섞여 있어 자연의 그대로를 느끼게 합니다. 하지만 빛깔의 아름다움은 연꽃에 비할 바가 아닙니다. 아름답다기 보다는 보석처럼 찬란하다는 말이 더 어울립니다.

문화가 꽃피는 화랑

  연못 속의 희고 붉은 형형색색의 수련(Water lily)들의 편안한 모습이 짙은 녹음으로 가득한 캠퍼스 풍경을 한층 풍성하게 만들어 주고 있습니다. 수면을 가득 채운 수련은 더위에 지쳐 보이지도 않고 각기 더한 아름다움을 발하고 있습니다. 자신은 더러운 진흙에서 단아한 아름다움으로 세상을 밝혀주는 이유를 알 것 같기도 합니다.

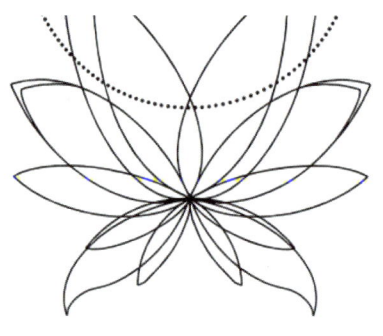 

수련의 꽃봉오리를 모티브로 기하학의 조형요소를 단순화하고 수련 잎들의 반복적 패턴을 사용하여 심리적인 안정감을 느끼도록 유도합니다. 반복되는 기하학적 패턴의 아름다움과 신비로움을 느끼도록 의도하고 있으며, 그 반복 구성된 형태들 위에 밝게 빛나는 빛의 효과로 인해 도서관 주변 연못에서 따뜻하고 안정감 있는 평온함을 느낄 수 있습니다.

여기서 잠깐!!

수련과 연의 차이를 아시나요?

두 식물 모두 연못에서 서식하고, 생김새가 비슷하여 구분하기 쉽지 않은데, 잎, 꽃, 열매의 모양을 통해서 간단하게 구분할 수 방법을 소개드리겠습니다.

〈출처 : 국립생태원 유튜브 자료〉

	잎	꽃	열매
수련	• 물위에 떠 있음 • 'V'자로 갈라져 있음 • 물에 젖음	• 물에 떠 있음 • 뾰족한 꽃잎	• 달걀 모양 • 물 속에 있음
연	• 물밖의 높은 잎대 • 크고 둥근 잎 • 물에 젖지 않음	• 물 위 긴 꽃대 • 둥근 꽃잎	• 샤워기 모양의 꽃턱 • 꽃턱 구멍에 하나씩 들어가 있음

철새의 놀이터

▲ 철새

고니는 백조(swan)의 다른 말입니다. 하얀 털에 길고 가는 목으로 우아함의 대명사이지요. 〈백조의 호수〉 공연은 본 적이 없어도 백조의 군무를 표현한 발레는 상상이 되지요. 백조는 동화에서 주로 저주받은 비운의 주인공으로 묘사되기도 합니다. 가끔씩 덕포지 연못에 이 친구들이 나타나는 것을 보니 우리 학생들에게 무엇인가 전할 말이 있나 봅니다. "나도 예전에는 미운오리 새끼였다. 지금 여기 대학 캠퍼스에서 아직 완성되지 않은 성장의 좌절을 경험하는 20대 오리지만 너희

들도 언젠가는 멋진 자태를 뽐내며 하늘을 나는 어엿한 사회인으로 성장하는 백조가 되리라" 라고 하면서 말입니다.

버스정류장

신라대에 벚꽃이 만발할 때 덕포지 연못의 물과 산의 신록과 벚꽃이 한데 어우러져 멋진 풍경을 보여주는 모습을 담아 보았습니다.

셔틀이나 버스를 기다리면서 신라대학교의 아름다운 풍경을 감상합니다. 특히 봄에 신라대학교 캠퍼스가 가장 예쁘다고 생각하여 벚꽃 풍경 사진을 찍어봅니다

여러분은 누군가를 기다리는 시간에 무엇을 하나요? 사람들은 시간적 여백을 소비라고 생각합

니다. "여백의 증오"라는 말이 있지요. 시간적 여백을 채워야 한다는 강박관념이 누구에게나 있습니다. 그래서 정류장에서 가장 흔하게 보이는 풍경은 많은 학생들이 스마트폰으로 셔틀버스가 올 때까지 "짧은" 동영상을 보는 것도 이와 무관하지 않습니다. 저는 프로불편러는 아니지만 이러한 일상의 풍경에 약간의 불편함이 있습니다. 사실 유튜브라는 문명의 이기를 통해서 짧은 영상을 보는 것은 가장 쉽게 도파민을 생성시킬 수 있는 방법입니다. 도파민은 신경전달물질의 일종으로 쾌락, 성취감, 보상감을 느끼게 해줍니다. 인간에게 행복을 느끼게 해주는 것은 분명하지만 쉽게 얻을 수 있는 방법에 유독 집착하게 된다는 것이 도파민의 유혹이기도 합니다. 유튜브 동영상이 가진 도파민의 유혹이지요. 고개를 들어 천천히 풍경을 감상하며 자연을 즐기고 친구와의 대화를 나누는 것은 어떨까요. 분명 유튜브 동영상보다는 덜 쾌락적이지만 천천히 스며드는 은근한 맛은 있습니다.

문화의 공간

▲ 도서관_Jean Nouvel and Architecture-Studio1

    신라대 도서관은 문화의 공간입니다. 프랑스 건축가 [1]장 누벨(Jean Nouvel)이 프랑스 파리에 설계한 아랍 문화원의 공간을 연상하게 합니다. 특정한 건축 양식을 추구하는 기존의 건축가들과 장 누벨은 다릅니다. 이 건물의 외관을 보면 다른 건물과 비슷하게 외피를 유리를 이용하여 설계했다고 판단할 수 있습니다. 창호에 아라베스크의 무늬와 비슷한 문양을 사용하여 미학적인 관점으로 판단하자면, 아랍 문화권의 문양을 사용하였는데 신라대 도서관 역시 한국의 전통 문양을 디자인 한 듯합니다.

    하지만 건물 안으로 들어서면 놀랍게도 이것이 단순한 문양이 아니라, 카메라의 조리개와 같은

---

1   장 누벨(Jean Nouvel, 1945년 8월 12일 ~)은 프랑스의 건축가이다. 누벨은 프랑스 파리 에콜 데 보자르에서 공부했으며 마스 1976과 Syndicat de l'Architecture의 창립 구성원이었다. 명성높은 수많은 성취가 있었는데, 여기에는 AKAA(Aga Khan Award for Architecture), Wolf Prize in Arts(2005년), 프리츠커상(2008년)이 포함된다.

역할을 하는 장치임을 알 수 있습니다. 외부에서 들어오는 빛을 자동으로 조절해, 실내와 외부의 연결 고리로서 작용하는 것입니다. 즉, 아랍 건축물에서 자주 보이는 햇볕 차양막으로 설치된 나무 스크린 문양을 현대적인 관점에서 해석한 것입니다.

이는, 자연과학적 신비감과, 우주의 질서를 중요시하는 이슬람 문화권의 본질을 꿰뚫은 디자인이라고 할 수 있습니다.

▲ 도서관 천장(내부)

공부의 神 (목장승)

우리나라는 옛날부터 마을 또는 절 입구에 돌이나 나무에 사람의 얼굴을 새겨서 각 마을 별로 길가에 세워 이정표 구실을 하거나, 마을을 지켜주는 수호신 등의 역할을 하는 문화유산 목장승이 있습니다. 불길한 기운을 막아주고 학생들의 심신의 안정을 도와 공부에 집중할 수 있도록 도와주는 일명 "공부의 神" 목장승이 우리 신라대학교 도서관에 있습니다. 더구나 화려한 색깔도 아닌 꼿꼿한 몸을 흔들며 몸의 움직임과 함께 만들어내는 아름다움은 한국의 미 그 자체라고나 할까요? 자고로 한국적인 것은 '해학의 미'가 서려 있습니다.

차(茶)나래터

도서관 중앙 홀에는 잠시 시름을 멈출 수 있는 차(茶)나래터라는 공간이 살포시 인사합니다. 이곳은 이야기 나래터와 마찬가지로 휴식을 취할 수 있는 장소이기도 합니다. 인류의 3대 기호음식은 커피, 술 그리고 차인데 이중에서 가장 오랜 기호음료는 당연히 차가 됩니다. 차(茶)를 한자로 풀어보면 풀 초 밑에 사람이 있고 사람 밑에 나무가 있어 사람이 풀과 나무 즉 자연에 있는 형국입니다. 차를 마시면 자연의 일부가 됩니다. 이 공간을 술 나래터는 당연히 안되고 왜 커피 나래터가 아닌 차나래터라고 지은 이유가 있습니다. 차는 우리학교의 명칭과도 관련이 있습니다. 부산에서 서쪽으로 멀리 안가면 하동이 나오는데 하동녹차는 "신라"시대부터 왕이 즐겨 마시던 토종 녹차로 유기농+토종을 강조합니다. 습관을 형성하고 나만의 루틴(routine)을 만드는 것이 중요합니다. 진부한 이야기 같지만 아무리 디지털 시대, 모든 정보가 손안의 스마트폰에 있다하더라도 학생은 도서관에 나와야 합니다. 다반사(茶飯事)라는 들어보았는지요? "차"를 마시고 밥을 먹는 일이며 보통 예사로운 일, 자주 일어나는 일이라는 뜻입니다. 밥 뿐만 아니라 차를 마시는 것도 자주 일어나게 해야 합니다. 도서관에 자주 들려 차향기에 취해봅시다. 차가 만들어 내는 테아닌을 섭취하여 뇌안에 알파파를 다량 생산해서 도서관에서 면학의 즐거움을 차와 함께 느껴봅시다.

신라 크리에이터 스튜디오

신라 크리에이터 스튜디오(Silla Creator Studio)는 유튜브 영상촬영과 편집, 메이커스페이스 교육 및 수행을 위한 공간입니다. 스튜디오 내, 유튜브 크리에이터 Zone은 1인 미디어 크리에이터를 위한 카메라, 조명장치, 크로마키 등의 방송장비와 영상녹음, 편집 관련 하드웨어와 소프트웨어를 갖춘 전문 스튜디오가 있습니다. 이러한 시설들은 소셜미디어의 다양한 디지털콘텐츠 제작에도 활용이 가능합니다.

　우리학교 졸업생 중 웹툰 작가를 초대하여 신라 크리에이터 스튜디오에서 인터뷰를 하게 되었습니다. 최근에 신개념의 방송국이 자리 잡으며 다양한 공간으로 활용되고 있습니다. 최근 웹툰 분야가 학생들에게 흥미로운 분야로 소개되어지면서 웹툰학과가 생기기도 했습니다. 이제는 여느 장소를 가더라도 자투리 시간에 웹툰을 보는 사람들을 흔히 발견할 수 있습니다. 웹툰은 흥미로운 내용에 그림까지 더해져 가볍게 읽기 좋아 인기가 높아지고 있습니다. 인기가 날로 높아 감에 따라 이를 원작으로 한 영화도 최근 늘어나는 추세이기도 합니다. 최근 영화계에서는 '웹툰이 없으면 영화나 드라마를 못 만든다'는 우스갯소리가 나올 정도입니다.

E-sports에 대한 관심도 증가하는 추세입니다. 우리대학은 총학생회 주관으로 신라 e-sports 대회를 개최하여 학생들에게 신나는 학교 생활을 할 수 있도록 소통의 기회를 주고 있습니다. COVID-19가 창궐하던 시절, 장기화된 비대면 수업으로 지친 학생에게 대학생활의 활력을 주고 소속감을 고취시키기 위해 매년 e-sports 대회를 개최하였습니다. 비대면 토너먼트 방식으로 예선과 본선을 거쳐 미래항공융합관 4층 대강당에서 결승전을 가졌던 모습입니다. 결승전은 교직원과 학생의 열띤 응원 속에 신라대 미어캣 유튜브 채널을 통해 생중계 하기도 하였습니다.

예술의 전당

신라대학교가 배경으로 나온 영화는 [2]"봄날의 곰을 좋아하세요?"와 [3]"해부학 교실" 입니다. "봄날의 곰을 좋아하세요?"에서는 신라대 중앙 도서관이 나왔고 윤종신이 도서관 사서역으로 출연했습니다. 이 영화촬영을 위해 1주일간 도서관을 폐쇄하기도 했습니다. "해부학 교실"에서는 마찬가지로 중앙도서관을 비롯하여 당시 신축되었던 공대 건물에서 주로 촬영되었으며, 특히 교내

---

2   2003년 개봉한 용이 감독의 로맨틱 코미디 영화. 배두나, 김남진 등 출연

3   2007년 7월 12일에 개봉한 공포영화. 한지민 등 출연

연못에서의 촬영장면이 꽤 눈에 띄는 장면이었습니다.

"저게 뭐야? 곰이잖아. 귀엽다!"

봄날의 곰인형이 가을의 곰풍선으로 돌아왔습니다. 친숙한 피규어 중 하나인 베어브릭을 자신만의 개성 넘치는 예술 작품으로 펼쳐 보이는 임지빈 작가. 그가 곰돌이를 통해 대중에게 전하는 따뜻한 응원의 메시지를 들어봅니다. [4]베어브릭을 차용한 [5]팝아트 작품으로 국내외에서 많은 사람들 뿐 아니라 유명 브랜드들의 사랑을 받아온 임지빈 작가. 그가 제작하는 '곰돌이'들은 각박한 일상에 지친 현대인의 자화상이지만 귀엽고 포근한 모습으로 보는 이들에게 따뜻한 위로와 응원을 전합니다. 신라대 조소과를 졸업 후 몇 년 전부터 세계의 여러 도시에 베어 벌룬(Balloon)을 설치하며 어디에서나 예술을 접할 수 있는 프로젝트를 진행 중인 작가의 작품들을 "신라대 메타세콰이어 숲"에서 만날 수 있었습니다.

---

4 베어브릭(Bearbrick)은 기본적으로 곰 모양의 기본 소재에 여러가지 그림이나 캐릭터 등이 합성된 작품을 말한다. 재질은 주로 ABS 소재이나 재질 형태에 따라 금속, 나무, 탄소섬유(Carbon Fiber), 야광(Glow in the dark), 고무(RUBBER), 플로키(flocked) 등 다양한 소재를 접목하기도 한다.

5 팝아트(Pop art)는 일상과 미술의 경계를 허물어 만든 미술사조로, 쿠사마 야요이, 루이비통, 인디애나 등 유명한 작가들의 작품을 소개한다. 대중문화에 대한 비판이나 도전보다는 대중문화를 그림의 소재이자 정보로서 이용하는 중립적 입장을 표현한다.

문화가 꽃피는 화랑

집채만한 풍선 곰, 갑자기 나타나도 놀라지 마세요. 신라대가 팝아트 작가 [6]임지빈과 손잡고 지난 10일 공항에 설치한 이 곰의 명칭은 곰(bear)과 풍선(balloon)의 합성어인 베어벌룬입니다. 베어벌룬의 전신인 베어브릭(곰 모양 벽돌 장난감)에 관심 가진 건 신조어 '된장녀'가 열풍처럼 번진 2005년이었습니다. 이듬해 패션 브랜드 샤넬의 총괄 디자이너 칼 라거펠트와 협업해 베어브릭에 샤넬 옷을 입혔는데, 그 경험이 "굉장한 충격으로 다가왔다"고 했습니다. "그전까지 베어브릭은 제게 싸고 부담 없는 소재에 불과했습니다. 근데 샤넬이란 브랜드와 만나고 나니 값이 어마어마하게 치솟았습니다. 다 똑같은 사람인데 입는 옷, 사는 집, 모는 차 등 외적인 것에 따라 사회적 가치가 확확 달라지는 우리들과 똑 닮았잖아요."

▲ 사색의 숲 마로니에의 길

---

6 '베어벌룬' 팝아트 작가 임지빈은 부산에서 태어나 신라대에서 조각을 전공한 예술가이다.

문화가 꽃피는 화랑

▲ 도서관 벚꽃길

　도서관 주변은 오랜 풍상을 이겨낸 나무와 마음을 빚은 석상, 아름다운 자연물이 함께 하는 고요한 사색의 공간입니다. 단순한 주변 관람에서 한 발 더 나아가 마로니에 숲길을 거닐며 자아를 돌아보고 깊이 생각하게 하는 진정한 자연의 정원입니다. 오랜 시간 공들여 조성한 아름다운 정원들을 만나 보실 수 있습니다. 느긋하게 바라보며 식사를 즐길 수 있는 산책길, 저녁 노을을 바라보며 커피 한 잔의 여유와 사색을 즐길 수 있는 도서관 휴게공간, 스케치와 가구, 저서를 둘러보며 휴식할 수 있는 내부 곳곳의 사색의 공간 등 학생들을 위한 다양한 편의시설이 있습니다.

유명인사

▲ 청둥오리 부부

연못의 오리들도 무더운 여름을 이겨 내기 위해 열심히 체력 보충을 하고 있습니다. 연못 생태계를 살피러 갔습니다. 연못에는 아직 다 피지 않은 연꽃잎이 무성했습니다. 캠퍼스의 낭만이 가득한 벤치입니다. 연못을 살피고 있는데 수면에 잉어의 움직임이 포착되었습니다. 친환경 캠퍼스는 지역주민들의 백양산 등산 코스와 어린이 및 청소년의 생태학습장이 되기도 합니다.

②
미술관에서 예음관

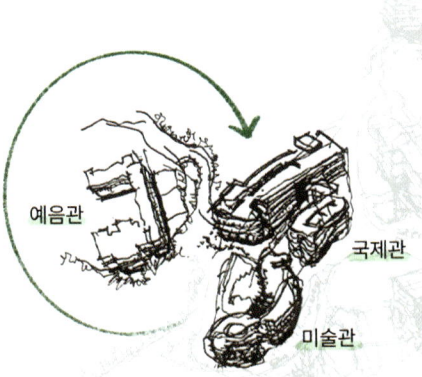

문화가 꽃피는 화랑

달리는 미술관의 열차

▲ 미술관의 외부 창호 (하코네 랄리크 미술관)

　우리 학교의 미술관 역시 개성 있는 창호들이 다양하게 있으니 예술 작품을 둘러보러 가기에도 최적인 장소입니다. 3층의 매인 전시장을 지나 구름 다리를 만나게 됩니다. 하코네 랄리크 미술관을 방문하면 하코네의 울창한 자연을 바라보면서 캐주얼한 프랑스 음식을 맛볼 수 있는 레스토랑, 일상 잡화를 취급하는 숍이 마련되어 있는 것처럼, 신라대 3층의 구름 다리와 건물 내 복도를 걸으면 마치 백양산의 그윽한 자연을 커피와 함께 느낄 수 있습니다.

　미술관의 외형은 마치 굴곡의 궤도를 도는 열차와 같습니다. 열차 하면 떠오르는 것이 마츠모토 레이지의 만화 〈은하철도999〉가 아닌가요? 먼 미래의 주인공 데츠로(애니메이션화 하여 한국에서 방영될 때 이름은 철이로 바뀐다)는 기계백작에게 엄마를 잃고 신비의 여인인 메테르의 도움으로 은하철도 999에 올라 영원한 생명을 받기 위해 열차의 종점인 안드로메다 행성에 오릅니다. 이 작품의 주제는 주인공의 고뇌로 표현되는데 몸에 피가 흐르는 유한한 인간인가(인간으로 남을 것인가?) 아니면 영원한 삶을 가진 기계로 남을 것인가입니다. 아마도 작가는 오늘날과 같이 인간을 넘보는 AI로 무장된 기계를 경계했을 것입니다. 예술은 창조자나 향유자나 인간을 참으로 인간답게 만드는 역할을 합니다. 한치의 오차를 허용하지 않는 기계의 정밀성을 미덕으로 삼는 오늘날에 특히 말입니다.

신라대학교

미술관 구름 다리에는 [1]키스 해링 (Keith Haring)의 간결한 선과 강렬한 원색, 재치와 유머가 넘치는 그래피티가 그려져 있습니다.

< 미술관 >
- 1991년 2월 준공 된 지상 4층 건물

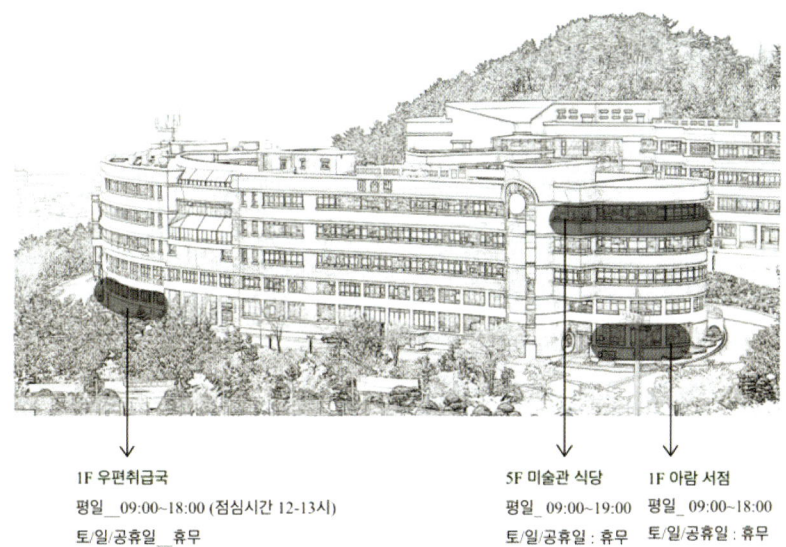

1F 우편취급국
평일_09:00~18:00 (점심시간 12-13시)
토/일/공휴일_휴무

5F 미술관 식당
평일_09:00~19:00
토/일/공휴일 : 휴무

1F 아람 서점
평일_09:00~18:00
토/일/공휴일 : 휴무

---

[1] 키스 앨런 해링은 1980년대 뉴욕의 거리문화에 영향을 받은 미국의 미술가이자 사회 운동가였다. 그래피티 예술가로 잘 알려진 인물로서, 하위문화로 낙인찍힌 낙서화의 형식을 빌려 새로운 회화 양식을 창조하였다.

대나무숲길과 박물관

　미술관 모퉁이를 돌아 벽면을 따라 걷다 보면 대나무 숲길이 반겨줍니다. 자유로운 조각품들 사이로 박물관 문이 조심스럽게 열려 있습니다.

　윤선도 시인은 〈오우가, 五友歌〉를 통해서 대나무를 다음과 같이 칭송하였습니다. '나무도 아닌 것이 풀도 아닌 것이 곧기는 누가 시켰으며 속은 어찌 비었는가. 저렇게 사철에 푸르니 그를 좋아하노라". 대나무를 좋아하는 이유는 대나무를 닮고 싶어함이 아니겠습니까? 일본 마쓰시다 전기의 창립자인 마쓰시다 고노스케는 '대나무에 마디가 없으면 밋밋하게 두서가 없어 눈보라를 견디어 내는 그런 강인함이 생기지 않을 것이다. 흐르는 세월에도 마디가 필요하다'라고 했습니다. 대나무가 성장하듯이 인간도 성장하는데 마치 대나무의 마디처럼 인간도 성장의 결정적인 순간으로서 마디가 있습니다. 인류학자 반 게넵(Anold Van Gennep)은 이것을 통과의례라고 하였습니다. 어쩌면 지나는데 가장 힘든 시기이지만 이를 잘 "통과" 하면 한층 질적으로 성숙한 또 하나의 성장을 만들어 낼 수 있습니다. 재학 중에 여기 미술관에서 혼돈과 열정 속에서 예술혼을 불태우고 있는 학생들에게 지금은 참으로 힘들지만 반드시 지나야 할 시기입니다. 대나무 마디는 딱딱하지만 결코 부러지지 않는 강인함이 있습니다. 여러분의 이 시기도 마찬가지 인 것입니다. 문득 미술관을 지나서 만난 대나무가 여러분에게 던지는 메시지입니다.

음악의 공간

▲ 예음관

음악은 귀로 마시는 황홀한 술이요 음악은 만국어라고 합니다. 음식을 즐기는데 식도락이 있듯이 음악을 즐기는 것도 음도락(音道樂)이라 할 수 있겠지요. 사람의 정(情, 마음)이 소리로 나타나고 그 소리가 조화를 이룬 것이 음악입니다. 예음관에는 70년 동안 이어져온 신라인의 정의 소리, 마음의 소리가 흐릅니다. 그리고 그 정의 소리는 우리에게 아련한 추억과 기쁨을 가져옵니다. 뮤직(music)의 어원과 어뮤즈먼트(amusement)는 같은 어원을 가진 단어이기 때문입니다.

아, 하나 더 있습니다. 음악은 장소에 대한 기억을 심어줍니다. 필자는 관광학자로서 사람들의 관광동기로서 특정음악에 대한 기억이 있다는 것에 관심이 많습니다. 음악이 가진 가사와 선율은 장소를 떠오르게 하고 나도 모르게 미소 짓게 합니다. 개인적으로 저는 미국 록밴드인 비치보이스가 부른 코코모(kocomo)를 좋아하는데 젊은 날 경험했던 카리브해의 푸른 바다를 연상시키기 때문입니다. 지금으로부터 수십년이 흐른 뒤에 여러분의 젊은 날 예음관을 지나면서 들었던 음악이

문화가 꽃피는 화랑

어느 날 갑자기 귓가를 흐를 때 거기 마음의 고향 신라대를 기억할 것입니다.

자메이카의 아루바 섬, 당신을 바하마에 있는
버뮤다로 데려가고 싶어
이리 와요, 내 사랑, 몬테고의 라고섬로 가지 않을래요?

플로리다 섬에서 좀 떨어진 곳에, 코코모라고 불리는 곳이 있어요
그곳은 바로 당신이 모든 것을 훌훌 털어 버리고
가고 싶어하는 곳이에요

모래사장에 누운 채, 손에는 열대 음료를 들고,
우리는 밴드의 드럼 연주에 맞추어
사랑에 빠질 거에요 저 아래 코코모에서…
(비치 보이스, 코코모, 1988)

시적 음률의 공간(국제관)

▲ 국제관_The shape of song(2001)

　국제관 3층의 벽면을 따라 걷다보면 벽면 디자인의 의미를 새록새록 느끼게 됩니다. 마치 '시가 공간(詩歌空間)'과도 같은 '시적 음률이 흐르는 공간'으로, 우리 캠퍼스 생활공간 속에서 예술작품의 기능 혹은 미적 정서를 어떻게 바라볼 것인가에 대한 의미를 부여하기도 합니다. 노래를 꼭 불러야 할 것 같은 착각 속에서 잠시 발걸음을 멈추게 합니다. 나선형 곡선들의 계속적인 진행은 무한함의 느낌을 주며 활동적으로 움직이는 타원형은 흥분의 감정을 나타내고 다양한 크기의 타원형들은 안락하고, 우아하고, 서정적 느낌을, 연결되어 있는 형태들은 강하며 깊이 있는 감정을 암시하는 듯합니다.

　국제관의 무한한 느낌의 나선과 반원은 조개껍질과 꽃잎 등 자연에서 뿐만아니라, 고대 건축물과 그림에서도 찾아볼 수 있습니다. 자연이 우리에게 준 가장 아름다운 비율이라고 불리우는 황금비율은 인간이 보기에 가장 편안하고, 안정적인 형태 중 하나이기 때문에, 우리에게 익숙한 현대의 다양한 제품들에게도 사용되고 있습니다.

문화가 꽃피는 화랑

▲ 〈파르테논 신전, 아테네 학당〉

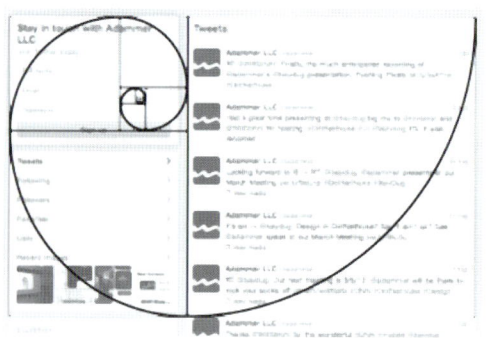 

▲ 〈트위터 웹 화면, 신용카드〉

< 예음관 >
- 1994년 12월 준공 된 지상 4층 건물

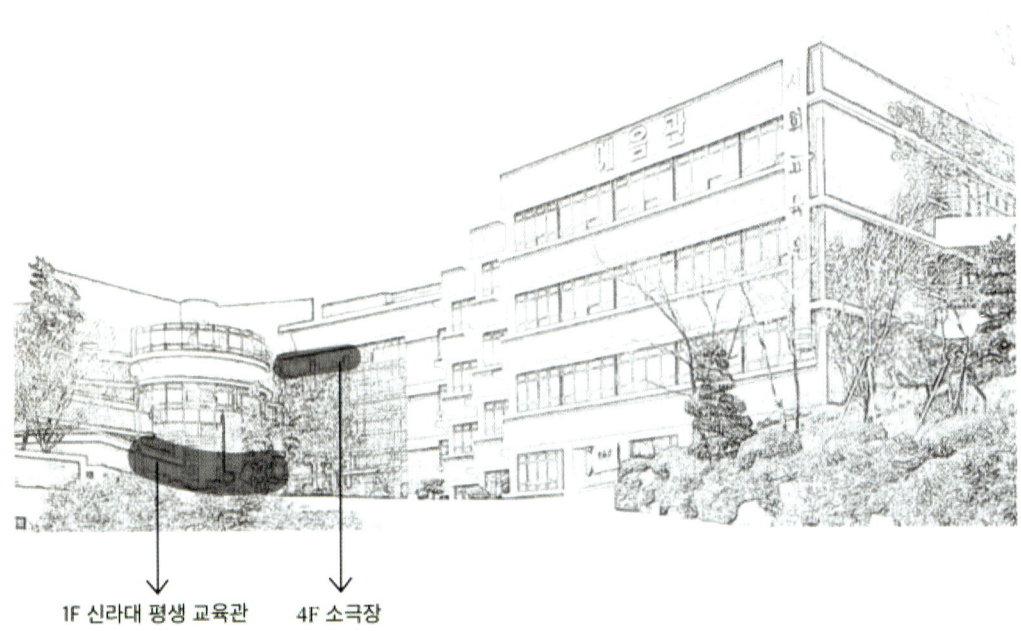

1F 신라대 평생 교육관   4F 소극장

▲ 국제교육관

문화가 꽃피는 화랑

　신라대에는 3곳의 영어카페가 있습니다. 화랑관, 국제관, 상경관 그 중 국제관의 잉글리시 카페입니다. 외국인과 즐거운 대화를 나누며 커피 한잔의 여유를 잠시 가져 봅니다.

　카페의 역사는 매우 오래되었습니다. 커피 맛을 보러 카페에 가기도 하지만 사실 커피는 사람을 만나고자 하는 데 보다 근본적인 목적이 있지요. 서구의 근대화 과정에서 카페는 시민과 민주주의에 필요한 이른바 "사회적 마음"을 만들어내고 배양한 공간이었습니다. 세계적인 커피 브랜드 스타벅스 역시 커피 원두의 탁월함도 강조하지만 독특한 장소의 특성도 중시합니다. 스타벅스 공간은 제3의 공간이라고 하는데 즉 제1공간 집도 아니고 제2공간 직장도 아닌 곳이지요. 집과 직장이 채울 수 없는 그 무엇이 카페의 문을 열면 있다는 것이지요. 신라대 영어카페에서 외국인과의 대화를 통해 언어도 배우고 문화를 익히고 그리고 오늘날 필요한 사회적 마음을 만들어 보시기 바랍니다. 아, 그리고 하나 더 있습니다. 매일 "아아(아이스 아메리카노의 준말)"만 마시지 말고 새로운 시도를 하시기 바랍니다. 작은 잔에 담긴 진한 에스프레소에 각설탕 하나 퐁당 떨어뜨린 후에 커피의 진한 향을 맡고 맛을 음미하세요. 처음에는 쓰디쓴 맛이지만 거의 다 마셔갈 즈음에는 달콤함이 있습니다. 아직 덜 녹은 설탕 맛이지요. 인생의 초반에 쓴맛은 괜찮습니다. 단 후반부로 갈수록 달콤한 인생(la dolce vita)을 만들어 가야 합니다.

< 국제교육관 >
- 1992년 3월 준공 된 지상 6층 건물

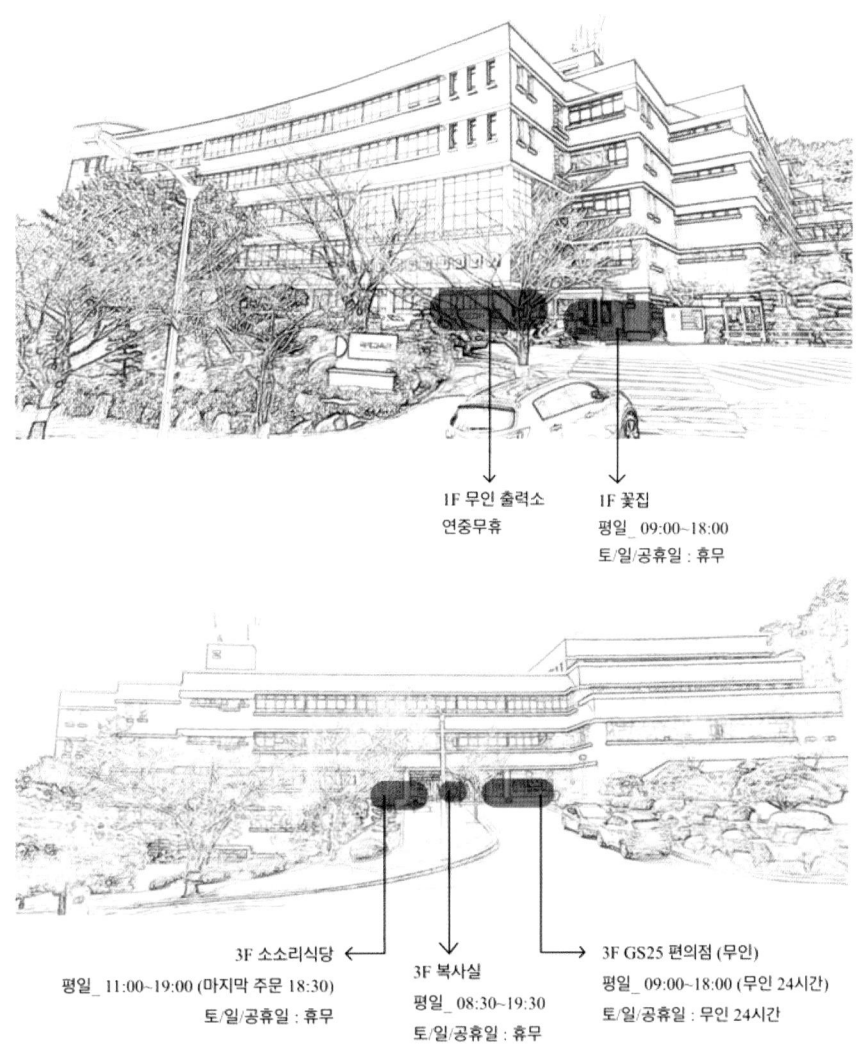

1F 무인 출력소
연중무휴

1F 꽃집
평일_ 09:00~18:00
토/일/공휴일 : 휴무

3F 소소리식당
평일_ 11:00~19:00 (마지막 주문 18:30)
토/일/공휴일 : 휴무

3F 복사실
평일_ 08:30~19:30
토/일/공휴일 : 휴무

3F GS25 편의점 (무인)
평일_ 09:00~18:00 (무인 24시간)
토/일/공휴일 : 무인 24시간

나의 스마트보이

　본교 시각디자인 학과 졸업생인 웹툰 작가 긴유 작가의 작품들 중 나의 스마트보이는 "내 스마트폰이 사람으로 변해버렸다?"는 대학교 새내기인 나리의 이야기가 신라대 국제관을 중심으로 펼쳐집니다.

굿굿한 친구

한겨울에도 변함없는 친구들이 모여서 이야기하고 있습니다. 돌의 아름다움하면 우람하고 아름다운 바위들을 떠올리곤 하지만 그 자연적 자태에 빠져들면 헤어 나오기 힘듭니다. 세상엔 크고 웅장한 것만이 아름다운 것이 아니라 작은 것도 아름답다는 생각을 하게 됩니다. 돌과 식물의 형태에 따라 하나하나가 작은 자연이 됩니다. 시간이 흐를수록 나무와 잎이 돌을 덮고 그 진한 모습을 더해주는 분재는 살아있는 예술입니다. 말없는 돌에 뿌리를 내린 모습은 세월의 깊이와 생명의 강인함을 느끼게 해줍니다. 자연이 만들어 내는 오묘한 형상들을 보면 참으로 신기합니다. 보이는 것 보다 어떻게 보는 것이 중요하지 않을까 싶습니다.

문화가 꽃피는 화랑

③ 예락뜰에서 백양관

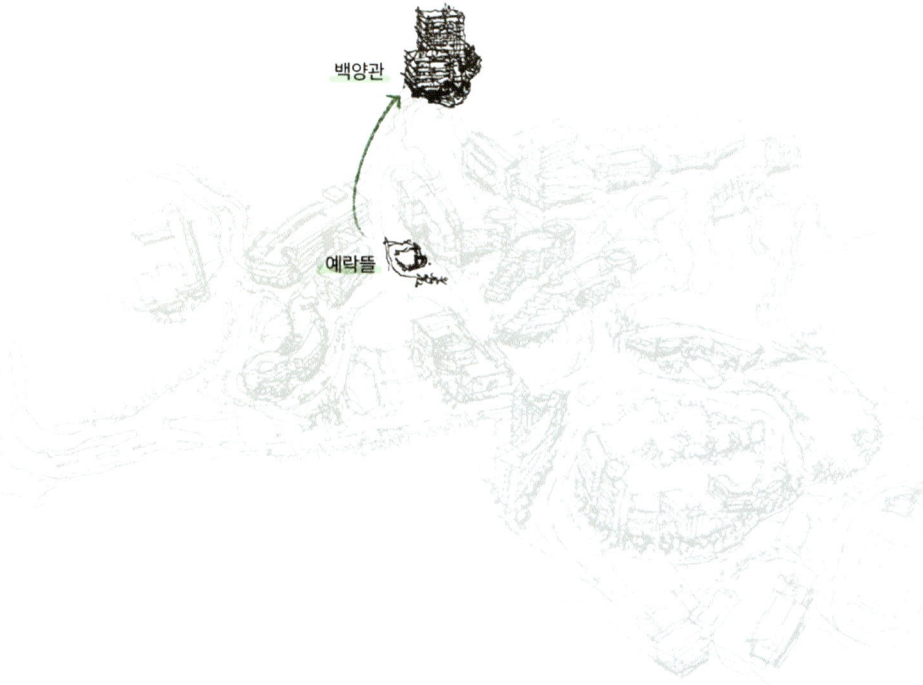

문화가 꽃피는 화랑

　운수천 초입에 예락뜰이라는 정원이 있습니다. 여기에 자그마한 정자가 서있는 연못이 있고 그 뒤로 펼쳐져 있는 야외 공연장이 있습니다. 학생들이 학과 단위 또는 동아리 단위로 가끔 이 예락뜰에서 바베큐 파티를 즐기기도 합니다. 비오는 날 아카시아 꽃향기는 숲에서 뒤섞여 블랜딩한 새로운 향기를 선물합니다. 자연은 그 누구도 따라할수 없는 창작품입니다

예락의 미학

　잠시 걷고 싶은 공간을 찾다 보면 공간의 속도가 느려지는 예락뜰 속의 길을 마주하게 됩니다. 마치 유명한 덕수궁의 돌담길이나 어느 유명한 전통 정원 속을 걷는 것처럼 분명 속도를 느리게 하는 거리임에 틀림없습니다. 건축가 건터 니슈케에 의하면 공간이 넓은 장소는 시간 거리를 줄이는 방향으로 공간이 협소한 장소는 거리를 줄이는 건축의 형태가 있다고 합니다. 예락뜰의 경우, 최적의 공간과 자연 속에서 시간을 지연시키며 공간을 심리적으로 더 커보이고 넓어 보이게 합니

다. 진입로를 틀어서 우회하게 하며 전체 공간을 한눈에 들어 오지 않게 하여 이리저리 돌아 보면서 머릿속에서 전체 공간을 그려보게 합니다. 마치 새로운 건축가가 되는 것처럼…

　예락뜰은 좋은 공연무대입니다. 매년 선배들과 만남의 시간을 갖는 장소이기도 한데 어둠이 깔리면서 스포트라이트가 비추고 무대에 오른 학생은 스타가 됩니다. 영국의 대문호 세익스피어는 이 세상은 무대이고 사람은 단지 배우(All the world's a stage and all the men and women merely are players)라고 하였습니다. 극작가의 눈에는 세상을 그렇게 보는 것은 당연하지만 사회를 연구하는 사회학자들 역시 사회야 말로 각자의 역할을 하는 장소라고 하였습니다. 그리고 각자의 역할은 마치 연극이 끝나면 종료되듯이 마무리 되며 또 새로운 무대에서 새로운 역할을 부여 받습니다. 그리고 지금 여러분이 서있는 사회라는 무대에서는 스타와 주인공이 아닐 수도 있지만 또 다른 무대에서 주인공이 될 수 있는 기회가 있습니다. 하루하루 학교와 집을 오가는 변화 없는 삶 속에서 신세한탄을 하지 마세요. 언젠가는 새로운 무대가 당신을 위해 준비됩니다. 물론 그날 무대에 서기 위해서는 끊임없이 대본을 외우고 익혀야 합니다. 대본은 학교생활에서 보고 배우는 모든 것 입니다.

명옥헌

　정원의 식재는 늘 푸른 나무들이 아니라, 철따라 움트고 잎이 무성해지다가 낙엽이 지며, 겨울에는 눈꽃이 만발하는 활엽수로 계절의 흐름에 따라 경관이 늘 변화합니다. 경관 속에 자연의 아름다움을 꽉 채운 공간이 보입니다. 푸른 솔숲을 배경으로 반원형을 그리며 배치된 붉은 벽돌 건물의 조화와 잘 가꾸어진 정원 속의 수목에 감탄하게 됩니다.

문화가 꽃피는 화랑

▲ 예락뜰과 담양 명옥헌의 전통 정원

  건축은 밖에서 바라보는 예술품과는 다릅니다. 밖에서 바라보는 시선도 중요하지만 안으로 들어가서 안에서 밖을 바라보는 공간을 만들어 보는 것도 중요합니다. 마치 우리의 전통 건축이 안에서 밖을 바라보는 관점을 중요하게 했던 것처럼 명옥헌이나 예락뜰의 정자는 우리에게 새로운 시각을 선사합니다.

  무더위의 기세를 한풀 꺾어 놓았지만, 올 8월은 유례를 찾을 수 없을 정도로 뜨거웠던 계절이었습니다. 그 여름을 머리에 이고 예락뜰을 거닐어 봅니다. 여름꽃 배롱나무를 보기 위해서 담양 명옥헌 전통 정원을 찾듯이 신라대 속의 아름다운 정원을 대신 걸어 봅니다. 명옥헌 원림은 전라남도 담양군 고서면에 있는 조선후기 오이정이 조성한 정원으로 후산마을 안쪽에 위치합니다. 붉은 백일홍 꽃들의 향연으로 매혹적인 분위기를 선사하며 학생들의 발길을 사로잡고 있습니다. 예락뜰 주변을 둘러싼 20여 그루의 백일홍 꽃이 흐드러지게 피어 붉은 꽃망울을 터뜨려 오가는 이들의 눈길을 끌고 있습니다.

정원의 철학

캠퍼스의 진수는 건물이 배치된 부분보다 건물 뒷편의 솔 숲에 있습니다. 54만평의 광활한 캠퍼스의 70%이상을 차지하는 송림입니다. 숲 속에는 구비 구비 흐르는 두 줄기의 개울이 있고 개울가에는 화강암 마사토로 걸러진 약수가 솟아오르는 샘이 군데 군데 자리잡고 있습니다. 숲 속에는 까치수영, 원추리, 벌개미취 등 여름 야생화가 정취를 더해줍니다. 부슬비가 내리는 이 숲속을 산책하면 짙은 안개기 피어오르는 환상적인 장면을 만날 수 있습니다.

10월에는 예락뜰 정원에 신비로운 꽃 상사화 꽃무릇이 한창입니다 '화무십일홍'이라는 말처럼 붉은 꽃은 10일을 넘지 못한다고 하니 그 시기에 보아야 합니다.

문화가 꽃피는 화랑

예락뜰 노란 벽돌길

▲ 예락뜰과 오즈의 마법사의 노란 벽돌길

　도로시는 고향으로 돌아가는 길을 알아내기 위해 허수아비, 양철 나무꾼, 겁쟁이 사자를 만나다 함께 오즈의 마법사를 찾아 노란 벽돌 길을 따라 모험을 시작합니다. 학교 주변을 따라 하는 여행은 불안감에 시달리는 우리에게 새로운 방법을 선사할 수도 있다. 매일 보는 지겨운 산복도로지만 오즈의 마법사에 나오는 노란 벽돌길이라 생각하고 달리면 달릴 만 합니다. 또 하나의 행복을 위해 온갖 모험이 가득합니다. 잠시 꾸물대다가 주로를 향해 살금 살금 걸어 봅니다. 지루해질만 하면 신선한 나무도 바라보고, 자세에 집중해 몸을 끌어올릴 만하면 갑자기 나타나는 야옹이, 오르막에 힘든데 풍겨오는 꽃 향기 속 안개, 나의 공연을 위한 나무 데크는 어느 것 하나 빠져서 안 될 것 같습니다. 물론 이 모든 일이 한번의 움직임에 일어나지는 않지만…

　영국의 가수 엘튼 존이 1973년에 발표한 "Good bye yellow brick roads"에도 노란벽돌길이 나옵니다. 성공이 보장된 길, 시끌벅적한 도시의 길로부터 결별하고 홀가분하게 시골마을로 돌아가겠다는 메시지입니다. 여기 노래 한 곡 더 소개하지요. 팝가수 휘트니 휴스턴의 "the Greatest love of all"의 가사에 "I decided long ago never to walk in anyone shadow"라는 가사가 있습니다. 결코 남의 뒤를 쫓아가는 삶을 살지 않겠다는 의미입니다. 그러합니다. 인생의 초반기에는 어느 정도 노란 벽돌길 즉 남들이 성공한 길을 따라가야 하지만 어느 시점이 오면 나만의 길을 추구할 때가 옵니다. 대학교는 그러한 곳입니다. 커리큘럼에 따라 기본에 충실하고 이미 검증된 방법으로 자기를 만들어가지만 졸업과 동시에 사회로 진출하면서 나의 진실한 색깔을 만들어 나갈 필요가 있습니다. 또 한명의 팝가수 필 콜린즈의 "True color(진실의 색깔)" 갑자기 흥얼거리게 하는군요.

예락뜰의 오작교

▲ 예락뜰의 오작교(운수교)

예락뜰 위로 운수교 라는 예쁜 다리가 있습니다. 음력 칠월 칠석에 견우와 직녀를 서로 만나게 하기 위하여, 까마귀와 까치가 은하수에 모여서 자기들의 몸을 잇대어 만든다는 오작교와는 비할 수 없겠지만, 오늘 하루는 견우와 직녀.. 그들이 1년에 한 번 까마귀가 만든 오작교(烏鵲橋)를 통해 해후하곤 했던 상상을 하며 그들이 되어 보곤 합니다. 이 다리를 건너 계속 올라가면 운수천 골짜기에 들어 섭니다.

운수천 3단 폭포

▲ 운수천 3단 폭포

　운수천을 따라 삼각산과 백양산 정상으로 올라가는 산길이 이어지고 있습니다. 비 오는 날이면 캠퍼스 중심에서 5분이면 오를 수 있는 이곳에서 안개를 만날 수 있습니다. 이 숲은 1968년경에 곰솔(해송)을 심어 조림한 것이지만 지금은 곰솔 사이 사이에 진달래, 철쭉, 개옷나무, 싸리나무 등 관목류가 왕성하게 자라고 군데군데 소나무와의 경쟁에 용하게 이겨낸 아카시아나 산벗나무가 봄이면 아름다운 꽃을 피웁니다. 다람쥐와 고라니가 자주 출몰하고 가끔 멧돼지를 보았다는 사람도 있습니다. 가을이면 관목활엽수의 단풍이 푸른 소나무와 어우러져 기막힌 빛의 향연을 펼칩니다. 해가 갈수록 식생이 다양해지고 더덕, 도라지 같은 약용식물도 자생하고 있습니다.

　운수천 3단 폭포를 보니 전라남도 장흥의 모 수목원 계곡 맨 위에 노자(老子)의 "상선약수(上善若水)라는 팻말이 달려있습니다. 힘들여 물이 흐르는 계곡 꼭대기에 오른 방문객들에게 뭔가를 알리고 싶었는지 거기에 뜬금없이 서있더군요. 가장 좋은 삶은 물과 같다라는 뜻입니다. 물에는 우리가 배울 수 있는 철학적 메시지가 많습니다. 운수천을 올라가면서 상선약수를 한번쯤 생각해 봅시다.

▲ 백양관

백양관 福돼지 바위

▲ 백양관과 소백산의 福돼지 바위

영주의 뒷산이라 할 수 있는 소백산에 오르면 새해를 맞아 福(복)을 준다는 돼지바위를 만날 수 있습니다. 백양 생활관 초입에도 지그시 눈을 감은 채 명상에 잠긴 듯 두툼하고 푸근한 옆모습이 영락없는 복돼지 형상이 있는데 신비하게 웃고 있는 형상을 바라보면 왠지 기분이 좋아집니다.

"날지 않는 돼지는 그냥 돼지일 뿐이야" 일본 애니메이션의 대가인 미야자키 하야오는 그의 작품 「붉은 돼지」의 주인공 포르코(원래 비행기 조종사인 마르코가 마법에 걸려 변한 모습으로 이탈리아 말로 돼지라는 뜻)를 빌어 메시지를 전합니다. 제1차 세계대전에서 최고의 조종사로 수 많은 공중전에서 맹활약 하였으나 살육과 동료의 죽음 속의 무력감 등의 충격으로 돼지로 변하여 오히려 흉측한 모습에도 불구하고 하늘의 악당을 쳐부수는 영웅이 됩니다. 날아다니는 돼지가 오히려 인간적이 된다는 역설입니다. 돼지가 평생 동안 하늘을 볼 때는 죽기 전이라고 합니다. 백양산을 오르면서 만난 돼지 바위를 보니, 나도 문득 날고 싶다는 욕망이 움틉니다. 그리고 묵묵히 땅만 걷고 올라온 산길에서 고개를 드니 나무와 나무 사이로 여름의 따가운 햇살이 나를 유혹합니다. 복돼지도 나에게 너도 어서 날아 오르라 손짓하고 있습니다.

  돌은 토속적인 수호신의 역할도 하며 얼굴 표정은 무섭고 근엄하기보다 인간적인 면모를 보이며 익살스럽고 편안합니다. 감상하다 보면 참 많은 것을 느끼게 되는데 돌에 담겨 있는 소박한 인간미, 성스러움을 추구했던 종교적 심성, 변하지 않는 의지를 느낄 수 있습니다.

< 백양생활관 >
- 2004년 2월 준공 된 지상 10층 건물

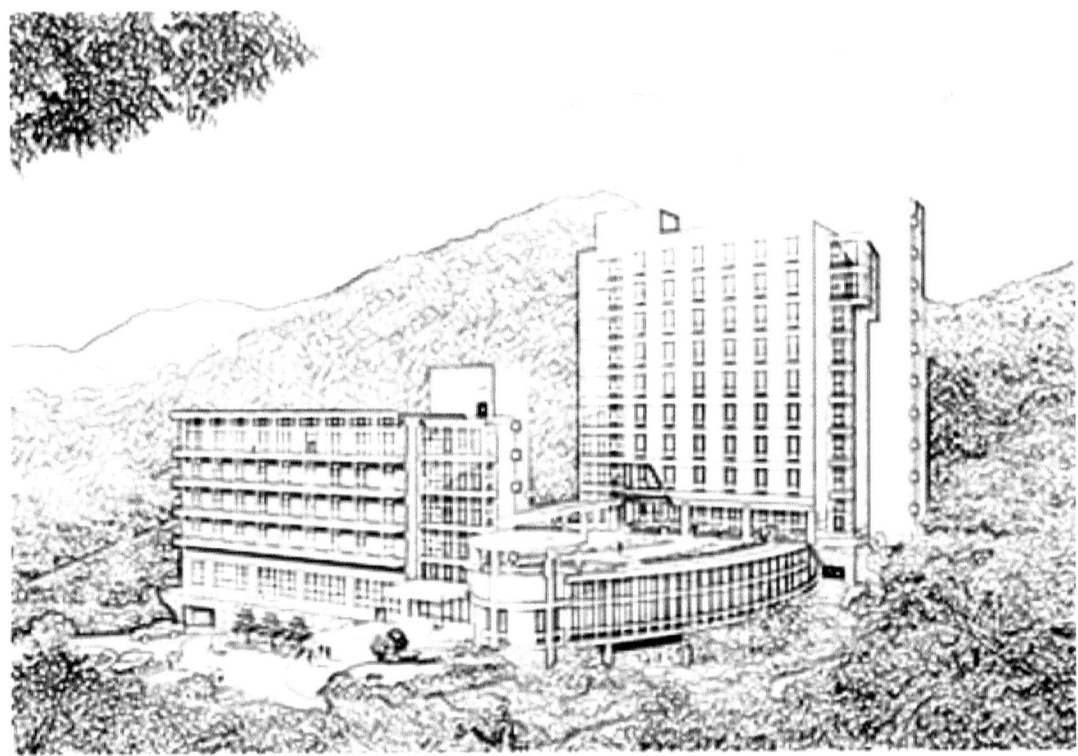

백양생활관과 계곡

▲ 백양생활관 기숙사와 백운동 계곡

   경남산청 백운계곡(백운동계곡)은 구름처럼 높은 곳에 위치한 곳이라 해서 불리게 된 이름으로 계곡 주변에는 왕대밭과 수목이 울창한데 백양생활관 주변을 돌아 타고 내려 가는 물길이 백운동의 계곡을 연상케 합니다. 지나가다 잠시 발을 담궈 봅니다. 발가락을 간질이는 물살이 좋기만 합니다. 맑은 공기 깨끗한 자연을 느낄 수 있는 백양생활관 계곡은 여름 더위를 피할 수 있는 장소이기도 합니다. 맑은 물에 바닥의 자갈까지 다 보일 정도로 깨끗하여 이내 마음이 상쾌해 지려 합니다.

   잠시 돌 위에 흐르는 물을 감상하다 보면 소쇄원 계곡에 온 것만 같은 착각을 불러 일으킵니다. 전라남도 담양군에 있는 소쇄원은 '맑고 깨끗하다'는 뜻으로 조선시대 3대 정원 중 하나이며, 자연미와 구도 면에서 3대 정원 중 첫 손으로 꼽힙니다. 세계적으로 유명한 프랑스의 베르사유 정원, 중국의 이화원과는 달리 한국의 정원은 인위적인 것을 배제하고, 인공 경물의 존재감이 강하지 않으며, 보이는 풍경도 자연 그대로인 경우가 많습니다.

▲ 백양생활관과 소쇄원 계곡

　소쇄원은 이러한 한국 정원의 특성을 잘 보여주며, 천천히 볼 수록 느낄 수 있는 매력을 지니고 있습니다. 소쇄원은 계류가 암반을 타고 흐르는 아름다운 계곡의 자연을 다듬어 만든 전통적인 계원(溪園)의 모습을 잘 보여줍니다. 특히 백양 생활관의 계류 역시 깊고 그윽한 맛을 느끼게 해 줍니다. 맑은 물가에서 소슬하고 청아한 분위기의 느낌을…

　오늘도 산책길로 많이 애용하는 학교 뒷길의 신록이 우거진 모습과 백양생활관이 조화로운 모습을 보여주는 풍경입니다. 실제 식사 후 산책을 하고 계시는 교직원 선생님들의 뒷모습도 함께 어우러져 있습니다.

문화가 꽃피는 화랑

4
인문관에서 상경관

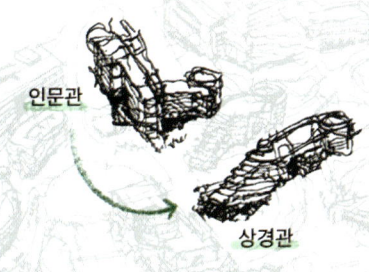

인문학은 사람에 대한 이해입니다. 동서고금을 불문하고 반드시 우리에게 필요한 학문입니다. 인간의 본성은 휴먼 네이처(human nature)라 하며, 자연을 거스르지 않고 조화를 이루며 욕심을 버리고 길들여 지지 않은 상태가 가장 인간다운 모습입니다. 인간 존재와 본질에 대한 이해는 다양한 학문과 관점에서 탐구되고 있습니다. 그런 의미에서 책을 통한 인문학적 소양은 인간에 대한 탐구이며, 따라서 책이란 저술한 사람의 됨됨이를 나타내기 때문에 작가의 정신적 자식이기도 합니다.

책을 꽂은 서가

▲ 인문관_책

인문관 창틀이 마치 책을 꽂아 놓은 서가로 보이는 이유는 격자의 형태에 주변 자연과의 경계가 허물어져 다양한 시선과 원근감 그리고 동선이 교차하며 다층에 걸쳐 공간-사람-콘텐츠가 상호작용하는 관계적 공간이기도 합니다. 바로 이 건물 외벽의 창틀이 마치 시간의 흐름을 간직한 고풍스러운 세련미가 느껴지지 않나요? 인문관은 휴식과 만남, 그리고 책을 주제로 소통하는 문화 감성 공간으로서 모두에게 열려 있습니다. 책을 읽어도, 읽지 않아도 좋습니다.

한 사람의 책장은 그 사람이 가지고 있는 교양의 크기와 관심을 나타내 준다고 합니다. 몇 년 전에 즐겨 보았던 일본 드라마「서가식당」이 생각나는 군요. 한국말로 풀면 책장식당이라고나 할까. 드라마에 등장하는 남성 2인조 만화가의 책장에는 요리만화가 빽빽하게 들어서 있습니다. 그리고 작업 아이디어를 얻기 위해 골라잡은 한권의 만화책은 여지없이 시장기를 발동하게 하고 곧 두 사람은 책에 나오는 요리를 만듭니다. 물론 그때마다 불청객(?)이 찾아오고 그들이 만든 음식은 미처 입에 들어가기도 전에 무참히도 빼앗기는 것이 기본 이야기 구도입니다. 여러분의 책장에는 어떠한 책이 꽂혀 있나요 그리고 그 책을 현실화 시켜보는 시도를 해본 적이 있나요? 정성 들여 곱씹으면서 읽은 한권의 책이 스스로를 바꾸고 또 세상을 바꿀 수도 있습니다.

▲ 별마당 도서관

[1]별마당 도서관은 공간과도 서로 소통하는 자세입니다. 모두 장식용 가짜 책을 방염처리해 시공한 것으로 시각적인 효과를 강조한 것에 비해 우리의 인문학 건물은 그 무게감이 느껴지기도 합니다.

1　코엑스몰 중심에 위치한 별마당 도서관은 휴식과 만남, 그리고 책을 주제로 소통하는 문화 감성 공간이다. 별마당 도서관의 장서량은 총 5만여 권이다. 일본의 츠타야서점과 다케오 시립 도서관을 벤치마킹하였다.

문화가 꽃피는 화랑

< 인문관 >
- 1994년 2월 준공 된 지상 5층 건물

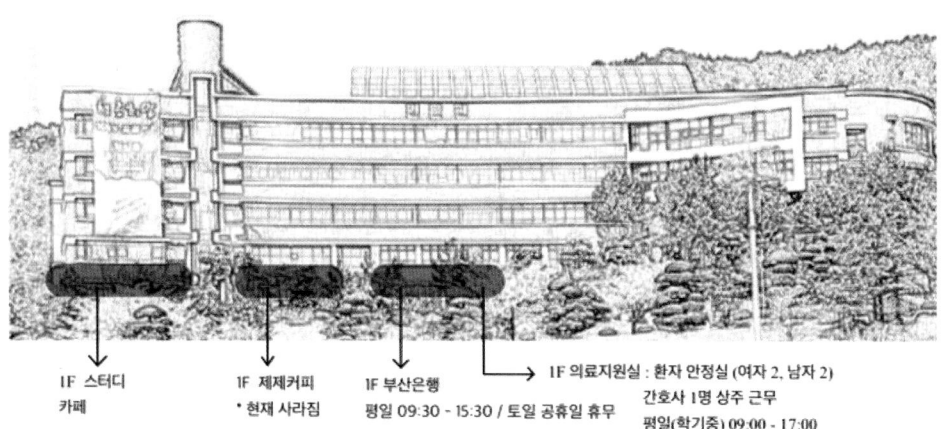

1F 스터디 카페

1F 제제커피
* 현재 사라짐

1F 부산은행
평일 09:30 - 15:30 / 토, 일 공휴일 휴무

1F 의료지원실 : 환자 안정실 (여자 2, 남자 2)
간호사 1명 상주 근무
평일(학기중) 09:00 - 17:00
평일 (방학중) 10:00 - 15:00

* 학생 및 교직원들의 건강관리를 위하여 운영하고 있으며, 응급환자 발생시 응급처치 후 병원으로 이송하여 위험을 예방하고 건강교육을 통하여 질병예방을 하는 데 목적이 있다.

5F 스마트 헬스 케어 센터 : 종합강의동에서 이동됨
* 임시 운영표
월, 수, 목 13:00 - 20:30
금 13:00 - 17:00
화, 주말, 공휴일 휴관.

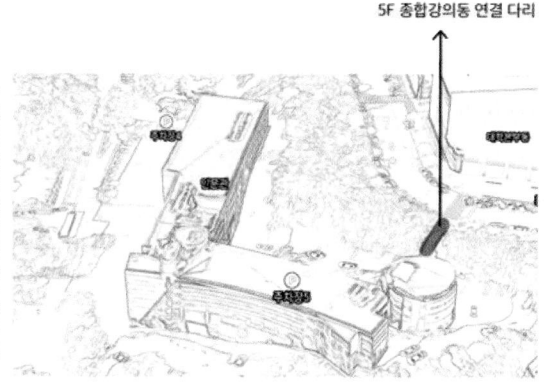

5F 종합강의동 연결 다리

등나무 파고라

▲ 등나무 파고라

인문학 건물 주변 등나무 파고라는 독서는 물론 누군가를 기다리는 만남의 장소로 주로 활용되고 있습니다.

▲ 인문관 나무_ 정이품송

1464년 세조가 속리산 법주사로 행차를 할 때 가마가 이 소나무 가지에 걸릴까 염려하여 "연(輦)이 걸린다"라고 외쳤다고 합니다. 연은 임금님이 타시는 가마이지요. 그때 기적이 일어납니다. 소나무가 번쩍 자신의 가지를 들어올려 어가가 무사히 통과할 수 있게 해주었다는 군요. 이런 연유로 세조는 이 소나무에 정2품 벼슬을 내렸다고 합니다. 혹시 모르지요. 인문관 정이품송 밑에서 기(氣)를 받으면 정2품 관직에 오를 지도. 정2품은 장관급입니다. 참고로 원래 정이품송은 천연기

문화가 꽃피는 화랑

념물 제103호로 충북 보은군 속리산면에 있습니다.

▲ 인문관 담쟁이

　원래 담쟁이는 오래된 건물에 뒤덮여 있지요. 담쟁이를 아이비(Ivy)라고 하는데 미국의 많은 대학들이 클래스데이(졸업식 전에 축하행사 날) 기념식수종이라고 합니다. 또한 아이비는 강인한 생명력을 상징합니다. 그래서 하버드, 예일 등 아이비리그 대학에는 담쟁이가 덮여 있습니다. 우리 신라대학교는 개교 60년 그리고 가장 고색창연한 학과들이 포진하고있는 인문관에서 담쟁이가 보이는 것은 우연이 아니겠지요?

상경관

< 상경관 >
- 1999년 3월 준공 된 지상 6층 건물

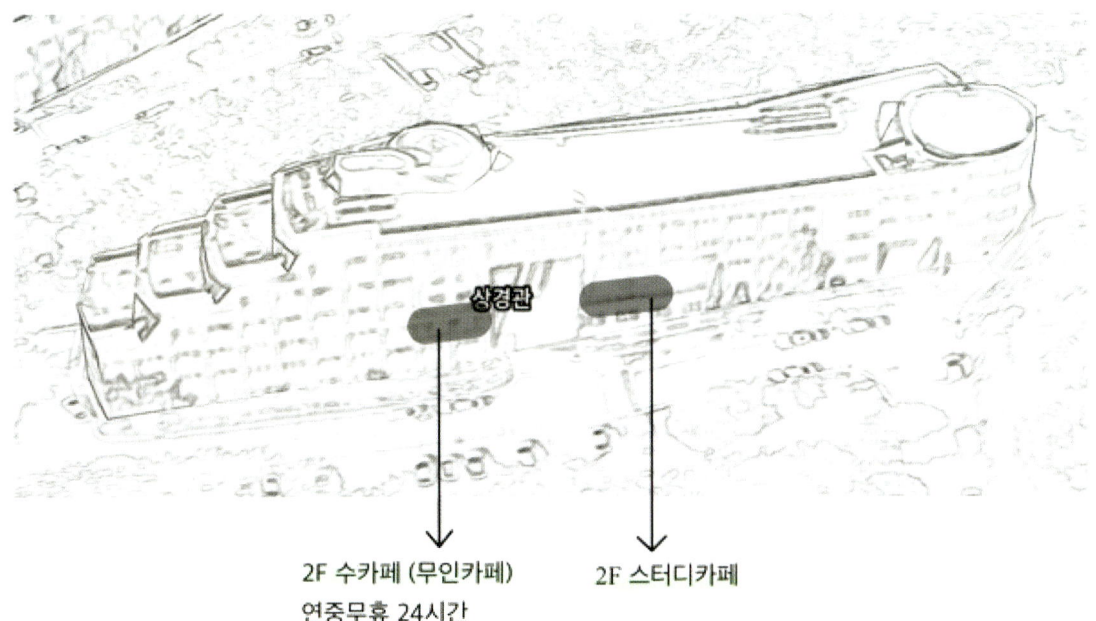

2F 수카페 (무인카페)
연중무휴 24시간

2F 스터디카페

문화가 꽃피는 화랑

상마르뜨 언덕

▲ 상경관의 상마르뜨 언덕

 프랑스 파리의 몽마르뜨 언덕은 자유분망함을 즐기는 예술가들의 아지트였지요. 원래 마르트르는 순교자라는 뜻의 마르티(martyr)에서 유래했으며 언덕을 뜻하는 몽(mont)과 합쳐져서 순교자의 언덕이라고 합니다. 몽마르트르 언덕이 하도 유명해서 베이커리, 백반집, 테이크아웃 집 그리고 주거지 이름까지 무척 다양하군요. 우리는 여기를 상(商) 마르트 언덕으로 바꾸어 봅니다.

꼬리치는 돌

▲ 상경관의 꼬리치는 돌(Rock fairy tail)

상경관의 상마르뜨 언덕 주변에는 신기한 자연의 모습을 많이 볼 수 있습니다. 신비한 형태의 돌과 나무 외에도 돌 속에 나무와 꽃이 거꾸로 올라 밖으로 나오는 신비의 돌들과 또 다른 불가사의인 나무가지 위에 피어난 신기한 소나무 등을 볼 수 있습니다.

구름다리

　상경대 구름다리입니다. 함께 핀 꽃과 학생들이 페인팅한 SILLA의 이미지가 주변자연과 조화를 이루고 있습니다. 구름을 타고 하늘에 오르고 싶은 게 모든 사람의 꿈이죠. 구름다리를 건너다 보면 "내가 사랑하는 신라"라는 문구와 함께 막 들어온 신입생같은 귀여운 "앵그리버드"가 있습니다.

　원래 클라우드나인(cloud nine)은 단테의 신곡에 언급된, 천국으로 가는 마지막 계단인 아홉번째 계단에서 유래했다고 합니다. 클라우드 나인과 같이 모든 것을 가진 행복의 절정까지는 아니지만 진정한 행복은 만들어가는데 있기에 상경관으로 들어가는 5층 클라우드 파이브(cloud five)에서 이제 막 생겨나는 행복을 맛보세요. 이것이 소확행 아니겠습니까.

노을 빛

상경대 4층 건물 안으로 들어오는 노을 빛이 무척 아름답습니다. 저녁 하루일과를 마칠 즈음에 연구실 문을 열고 복도에 서서 보면 낙동강의 낙조가 고스란히 창문을 통해서 들어옵니다. 마치 십자가 모양의 틈 사이로 전해지는 빛, 그 빛을 담은 [2]'빛의 교회'라는 작품이 연상되지요. 십자가의 실체는 없지만 빛이 만들어내는 십자가입니다. 원래 평범한 주택가 안에 지어진 교회이지만 건축의 아름다움으로 알려졌습니다. 여기에는 시간에 따라 실내에 들어오는 빛의 오묘함이 있습니다. 해가 지기 전에 그 찬란함, 낙일(落日)을 바라보면서 "오늘 하루도 수고했어"라고 스스로를 토닥토닥 위로 해봅니다.

---

2   빛의 교회 – 안도 다다오 (1989년). 오늘날 대형 교회건물이 주는 웅장함과 경건함 못지않게 작지만 대자연을 이용한 '빛의 교회', 그 안에 자연의 빛과 그림자 그리고 콘크리트와 나무라는 최소한의 건축재료의 사용으로 소박함과 종교적 경건함을 표현한 작품이다.

여기서 잠깐!!

파란 하늘이 왜 저녁에는 붉게 변할까요? 그리고 왜 하늘은 파란색일까요? 먼저 하늘이 푸른 이유는 빛의 산란 때문입니다. 빛이 어떤 매질을 통과할 때 빛의 일부가 진행방향에서 이탈하여 다른 방향으로 진행하는 것을 산란이라고 합니다. 빛이 가지고 있는 파장보다 작은 입자에 의해서 산란되는 것을 레일리 산란이라고 합니다. 레일리 산란은 태양으로부터 온 빛이 대기중의 미립자나 공기 중의 질소 또는 산소 분자들에 의해서 발생합니다. 빛은 파장이 짧을 수록 산란이 잘 되기 때문에 파장이 짧은 보라색과 파란색이 파장이 긴 빨간색과 주황색에 비해서 산란이 잘 됩니다. 대부분의 보라색은 산란이 되어 사라지고, 파란색이 우리 눈에 더 민감하기 때문에 하늘이 푸른색으로 보입니다. 하지만 해가 뜨거나(일출) 질 때(일몰)는 태양의 고도가 낮아서, 햇빛이 대기를 통과하는 경로가 길어지면서, 평소보다 산란이 더 많이 일어납니다. 그 결과, 파장이 짧은 보라색과 파란색은 모두 산란이 되어서 모두 없어지고, 산란된 빨간색과 주황색이 대기층에 많이 존재하게 되어, 우리는 붉은 색의 하늘(노을)을 보게 되는 것입니다.

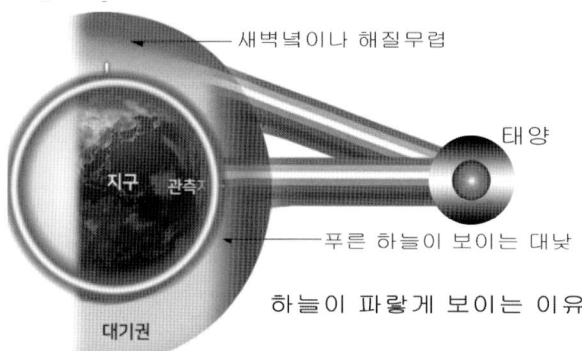

▲ 〈하늘이 평소에는 파란색이며, 일출(일몰) 때는 붉게 변하는 이유〉

문화가 꽃피는 화랑

5
사범관에서 공학관

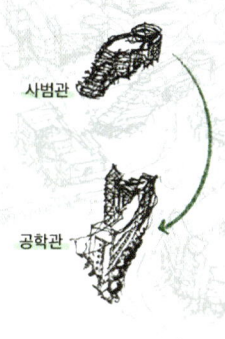

문화가 꽃피는 화랑

공학관

▲ 공학관

　공대의 유리 승강기는 기능성 있는 공간적 전망을 통합하기 위해 합성물질, 특수유리, 플라스틱 등의 투명한 성질을 건물에 활용한다고 합니다. 안과 밖은 유기적 관계에 있고, 건축에 있어서 모든 시점은 공간의 가장 넓은 가시적 포용성과 함께합니다.

　특히 유리는 투명한 재료적 특성을 바탕으로 시각적 개방성을 유도할 뿐 아니라, 안과 밖의 관계설정에 있어서도 기존과 다른 모호함을 제공한다고 합니다. 공대의 승강기 건축물은 물질성과 비물질성의 대비를 잘 보여준다고 할 수 있습니다. 마치 건축은 단순히 결과적 산물로서의 '형태'가 아니라 '사고 과정'에 존재함을 표현하는 듯합니다.

　공대 유리 승강기를 보면 언젠가 본 홍콩영화 유리의 성(City of glass, 1998)이 생각납니다. 물론 유리의 성이라는 만화도 있고 심지어 제주도 관광지에는 유리의 성이라는 테마파크도 있습니다. 그래도 영화를 보면서 내내 내 귓가를 맴도는 잔잔하면서도 감미로운 선율이 잊혀지지 않습니다.

▲ 공대건물과 ¹루브르 박물관

    그래서인지 공학관의 유리승강기는 출근할 때마다 다시 내 마음속에 새겨집니다. 영화의 OST 중에 하나가 "Try to remember"인데 주인공 여명(Leon Lai)의 감미로운 목소리가 압권입니다. 물론 원곡은 브라더스 포가 1965년에 발표했습니다. "추억을 더듬어 보세요. 9월의 날들을, 삶은 여유로웠고 너무 달콤했죠. 추억을 더듬어 보세요. 그대는 다정했고 풋풋했지요" 언젠가 정든 캠퍼스를 떠나서 열심히 인생을 살다 보면 가끔씩 돌아보고 싶은 것이 마음의 고향 학교입니다. 여러분이 보낸 20대의 어느 날 하루 저녁을 상상하고 싶거나 유리승강기에 추억을 더듬어 보려면 노래 한 곡이 충분할 것입니다.

    공학관의 승강기와 구름다리는 삼각형 모양의 트러스(Truss) 구조로 되어 있습니다. 트러스 구조란 강재 혹은 목재 등 직선 부재들을 여러개의 연속적인 삼각형 모양으로 배열해 구성된 구조물을 말합니다. 삼각형 모양으로 구조물을 만들면 부재의 길이가 변하지 않는 한 외부의 충격(힘)에

---

1   루브르 정문에는 유리 피라미드가 설치돼 있다. 1989년 중국계 미국인 건축가 '에이오 밍 페이'가 설계한 유리 피라미드

문화가 꽃피는 화랑

의해서 구조물이 변형되지 않기 때문에 가볍고 튼튼한 구조물을 만들 수 있습니다. 그래서 기둥이나 벽이 없이 지붕을 올려서 내부 공간을 넓게 사용하는 실내 경기장 또는 공항에 활용되기도 하며, 무거운 기차가 지나가는 철교 등에도 트러스 구조를 활용합니다.

< 공학관 >
- 2002년 9월 준공 된 지상 10층 건물

6F 카페 ing
평일_ 08:30~18:30
토/일/공휴일 : 휴무

공학관 숲길과 카페

공학관에서 하교하는 길은 여러 방법이 있지만, 운치 있는 숲을 보고 싶으면 공학관 유리 승강기 아래의 길을 추천합니다. 승강기를 통해 오르면서 보지 못한 아기자기한 자연 속 빛과 그림자들이 눈길을 사로잡습니다. 파란 하늘 사이사이 수많은 녹색 잎들과 함께 작은 흔들림 하나하나까지 시원 솔바람을 체험할 수 있습니다.

공학관 숲길을 걸으면 울창한 숲속에서 볼 수 있는 햇빛과 나뭇잎이 만들어 내는 재미있는 자연 현상을 만날 수 있습니다. 바로 나뭇잎에 의해 생긴 그림자 사이사이에 둥근 모양의 밝은 부분들입니다. 나뭇잎 사이의 틈들은 원형이 아니라 불규칙한 모양으로 되어있을텐데, 땅바닥 나무 그림자 사이로 비치는 밝은 부분들은 왜 둥근 모양을 하고 있을까요?

이유는 바로 빛의 회절 때문입니다. 작은 구멍을 지나는 빛은 잔잔한 호수에 떨어진 돌멩이에 의해서 생기는 물결과 같이 둥근 모양으로 퍼져 나갑니다. 그래서 나뭇잎 사이의 좁은 틈을 지난 빛은 틈의 모양에 상관없이 땅바닥에 둥근 형태의 밝은 부분을 만들어내는 것입니다. 이 때 나뭇잎의 틈이 작으면 작을수록, 나뭇잎의 틈과 바닥이 멀리 있으면 있을수록, 밝은 부분은 원에 가까운 모습을 하게 됩니다. 만약 부분 일식과 같이 태양의 일부가 달에 의해 가려져서 초승달 모양이 되면, 숲 속 바닥에는 수많은 초승달 모양의 밝은 부분들을 보게 될 것입니다.

문화가 꽃피는 화랑

특히, 세라믹 타일은 재료 예술의 가장 오래된 형태 중 하나입니다. 그것들의 지속 가능성과 매혹적인 아름다움 외에도, 한 지역의 역사와 문화에 대해 많은 것을 보여주기도 합니다. 타일은 건물의 내외부를 장식하며 수천년 동안 다양한 디자인을 만들어오고 있습니다. 우리의 바닥 타일도 시간이 변화함에 따라 우리만의 빈티지한 모습으로 변화할 것입니다.

▲ 공학관 조형물

공학관 계단아래로 사물이 새롭게 눈에 들어옵니다. 석재상이 위치한 장소적인 특징은 독특한 아우라를 만들어 줍니다. 석재(돌)로 조형물을 만드는 이유는 고급스러움, 내구성, 관리의 편함 일 듯합니다. 다른 소재에서 표현할 수 없는 웅장함과 고급스러움으로 표현하고자 하는 작가의 마음이 느껴 지기도 합니다.

시계탑과 저녁 노을

▲ 공학관 시계탑과 저녁 노을 풍경

저녁노을이 낙동강과 그 주변을 빨갛게 물들일 때, 공학관 시계탑을 바라보면 저녁노을의 장관을 볼 수 있습니다. 시계탑이 오늘도 굿굿하게 하늘을 떠받치고 있습니다. 오래된 시계탑에는 많은 사연이 있습니다.

인간은 예로부터 시간을 알고자 하였습니다. 과거에는 해시계, 물시계, 천문시계, 모래시계 또는 램프시계(불시계) 등 자연현상을 이용하여 시간을 확인하였습니다. 그리고 과학기술이 발전하면서 중세시대에는 태엽시계, 진자시계 등 기계식 시계들이 등장하였습니다. 이 시기에 사람들이 많이 모이는 광장 또는 도시의 주요 건물에 시계탑이 건설되면서, 많은 사람들에게 현재의 시간을 알려주었습니다. 그리고 현재 디지털 시대에는 휴대폰 또는 스마트워치를 이용하여 시간을 확인

합니다. 시계탑이 보이는 곳에서 노을을 바라본다면, 과거, 중세, 현재의 문화를 한번에 경험하고 있다고도 볼 수 있습니다.

    카지노에는 세가지가 없는 이른 바 삼무(三無)가 있는데 창문, 거울, 그리고 시계입니다. 시간이 가는지 모르도록 게임에만 열중하라는 것이지요. 이쯤 되면 도박 이라고도 할 수 있습니다. 그러고 보면 건물내 강의실이나 연구실에 시계를 놓지 않는 것도 나름 시간을 잊을 정도로 열공하라는 암시는 아닌지. 그러나 많은 도시를 가보면 높은 공공건물에는 시계를 설치하여 행인들에게 시간을 알려주고 있습니다. 시계탑은 중세가 저물고 근대 가 들어설 때 새로운 문명의 상징이 됩니다. 근대는 과학의 시대이지요. 공학관에 시계탑은 우연이 아닙니다. 프라하에 있는 천문 시계탑은 세계에서 가장 오래된 작동하는 천문시계라고 하며 관광객으로 북적거린다고 합니다. 과학에 대한 경외와 찬사입니다. 세계적인 호텔 기업인 힐튼(Hilton)은 1919년 창업 이래로 30억명의 투숙객과 천 만명에 이르는 종업원을 배출했지요. 힐튼 호텔은 업계 최초로 고객을 위해서 침실에 아침을 깨워주는 자명종 시계를 마련했다고 합니다. 물론 힐튼 호텔 역시 근대 호텔 비즈니스를 여는 선구자 였습니다.

빛나는 구름

어느 저녁 무렵 태양 빛을 반사하여 반짝반짝 밝게 빛나고 있는 공학관 건물과 그 위를 둘러싸고 있는 멋진 구름을 볼 수 있습니다.

안개가 내려앉고 그곳에 햇살이 더하면 멋들어진 빛 내림이 생기는 것처럼 일 하나에 또 다른 하나가 들어와야 비로소 완성되는 일들이 너무나 많습니다. 안개가 가득한 숲에는 환상적인 빛 내림이 없지만 이내 바람이 불어와 짙은 안개를 흩뿌리고 나서야 눈부신 광경이 나타납니다. 자연은

문화가 꽃피는 화랑

어두운 숲 속에 빛을 내려 본연의 아름다움을 볼 수 있게 하여 주고, 힘들고 지친 사람들에게 빛을 내려 어두운 터널에서 벗어나게 하여 주려는 가 봅니다. 여느 숲 속을 가다 보면 항상 볼 수 있지만 쉽게 지나치는 아름다움입니다.

🎙 여기서 잠깐!!

'야곱의 사다리'라는 단어를 들어보신 적이 있나요? 틈새 빛살 또는 빛내림(빛줄기, 광망)현상을 일컫는 말입니다. 성경에 나오는 야곱이 꿈을 꾸었는데, 그 꿈에서 나오는 하늘 속 빛줄기가 마치 천사들이 오르내리는 빛의 사다리와 닮았다 하여 유래된 것입니다. 구름이나 숲 속 나뭇잎 사이로 햇빛이 나와 여러 갈래로 비치는 현상인 틈새 빛살(빛내림 현상)은 작은 빛의 입자가 혼탁한 물질을 통과할 때 산란하여 눈에 보이는 틴들 효과(Tyndall Effect)의 일종입니다. 틴들 효과(Tyndall Effect)는 가시광선의 파장과 비슷한 크기의 입자가 공기 중에 분산되어 있을 경우, 직진하는 빛이 통로에 떠 있는 입자에 의해 산란되면서, 측면에서 보면 빛이 지나가는 통로가 밝게 보이는 현상을 말합니다.

자연과의 대화

▲ 사범대 건물

　사범관 건물은 자연과 대화하는 건물 중에 하나입니다. 사범관은 경사 대지 위에 지어져서 더더욱 그렇습니다. 내부로 들어가면 경사를 전혀 느낄 수는 없지만 이미 들어가기 전에 경사를 체험하게 됩니다. 자연과 대화하는 방법을 이야기하듯이 이 작은 건물은 인간이 자연을 어떻게 대해야 하는지를 잘 보여주고 있습니다. 인공물인 건축이 자연을 대하는 방식은 많겠지만, 대지의 경사를 극복하여 자연의 모습을 모두 바꾸려 하는 자세는 아닌 것 같습니다. 경사 대지를 활용하여 그대로의 자연을 다양한 방법으로 체험하며 느끼는 공간이 아닌가 싶습니다. 그렇다고 자연을 동등한 입장으로 보려고 자연과 건축물을 일선상에 놓지도 않았습니다. 아마도 숲의 소리를 들으며 귀를 기울이려 한 듯합니다.

　자연이라는 한자를 풀어보면 스스로 자(自)에 그러할 연(然)이 됩니다. 자연은 스스로 움직이기 때문에 굳이 손을 댈 필요가 없습니다. 다만 인간의 필요성에 의해서 변형이 가해지는 것인데 가능하면 자연의 그러함(然), 그 자체의 존재를 살릴 필요가 있습니다. 영국의 비틀즈(Beatles)가 부른 "Let it be" 역시 "그대로 두어라"로 해석할 수 있는데 사람 중심으로 모든 것을 보는 자세를 가지라는 메시지입니다. "성모마리아가 오셔서 말씀하시길 지혜의 말씀, 그대로 두어라고 하셨다"라는 가사에 주목합니다. 여기서 성모 마리아는 종교를 넘어서 대자연을 의미합니다.

문화가 꽃피는 화랑

"지상이 완전히 콘크리트 상자로 덮여 버린다 할지라도 인간은 예술의 도움을 벌여 신성한 곳으로 통하는 하나의 문을 열어 놓을 것입니다. 그것은 정원입니다" (헤르만 헤세의 정원예찬 중). 정원은 대자연과 인간이 최소한의 타협으로 나온 작품입니다.

< 사범관 >
- 1994년 1월 준공 된 지상 6층 건물

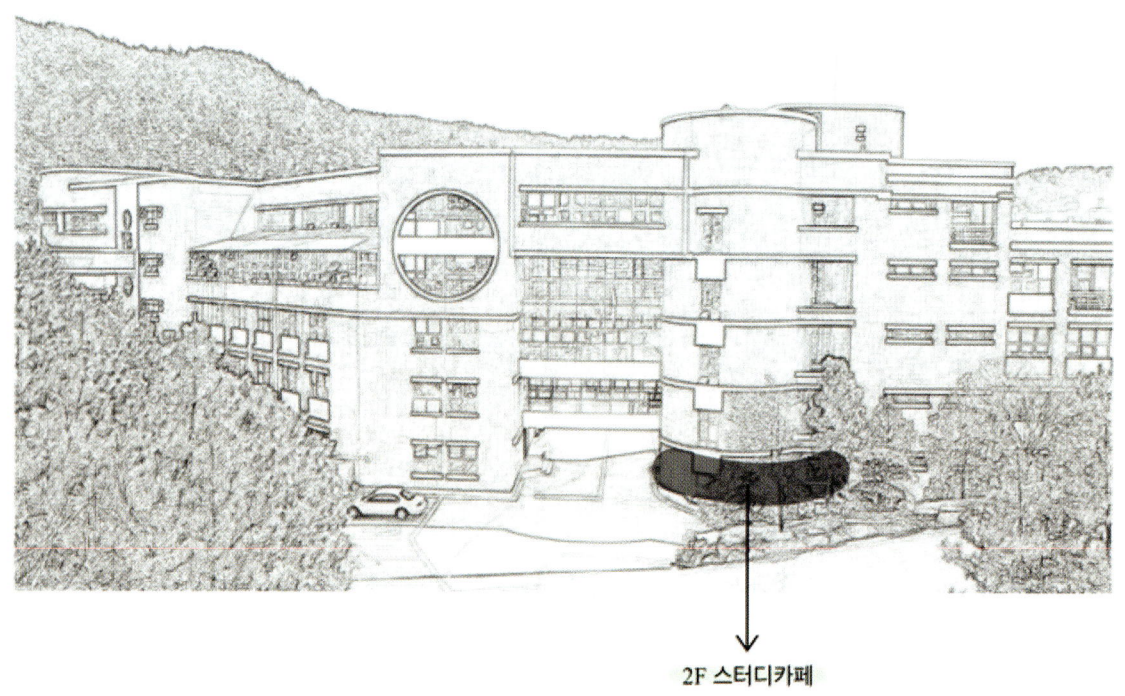

2F 스터디카페

노르웨이 숲

▲ 사범관의 노르웨이 숲

무엇보다도 도시로부터 벗어나 나만의 힐링 공간을 원한다면 경사진 언덕 위로 펼쳐진 신라 노르웨이의 숲을 추천합니다. 도서관에서 사범관으로 가는 길에 자연의 숲 산책로가 펼쳐집니다. 빌린 책을 손가락 사이 가슴 앞으로 당겨서 노르웨이인의 삶처럼 자신을 드러내지 말고 잘 숨어서

문화가 꽃피는 화랑

자연을 느껴보는 것도 방법입니다. 자연을 통하여 새로운 삶의 방식이 있다는 것을 알게 되어 새로운 길을 걸어갈 용기가 생기면 더더욱 좋겠습니다.

캠퍼스에서 가장 이국적인 풍경인 이 곳에 서면 노르웨이의 옛 수도인 베르겐을 둘러싸고 있는 플뢰옌 산의 어느 숲 속에 와 있는 듯한 느낌이 들 수도 있습니다. 복잡한 도시의 삶으로부터의 출구가 필요할 때, 사범관 노르웨이 숲에서 독서를 하거나 사색에 잠기면서, 단조롭다 못해 조금 심심하다고도 생각될 수 있는 북유럽풍의 라이프 스타일을 잠시 추구해 보는 것도 좋겠습니다.

사범대 로비에 서서 통유리를 통해 들어오는 빛이 만들어낸 그림자를 담아 보았습니다. 외부 자연과는 다른 로맨틱한 분위기가 만들어집니다.

노래 '범 내려온다'는 조선 후기의 대표적인 판소리계 소설 토끼전인 수궁가(별주부전)에서 길짐승들이 서로 자기 자랑하는 내용중 호랑이가 숲 속 골짜기에서 나오는 대목을 재해석한 현대 판소리 노래 및 춤입니다. 판소리 수궁가 中 눈대목인 '범 내려온다'는 산 속에서 호랑이 한 마리가 기세 등등하게 내려오는 장면

을 묘사하고 있습니다. 호랑이 한 마리가 누에머리를 흔들며, 현관을 나설 듯한 기세입니다.

범 내려온다로 유명해진 ²이날치 밴드의 보컬들이 함께 나올 듯한 모습도 연상됩니다.

못사랑

▲ 사범관의 못사랑

---

2 이날치는 2019년에 결성된 대한민국의 국악 그룹이다. 얼터너티브 팝 밴드를 표방하며, 판소리를 대중 음악으로 재해석하는 노래를 선보였다. 전통적인 판소리에 현대적인 팝 스타일을 적절하게 조화시킨 음악으로 인기를 끌고 있는 밴드.

설립자인 박영택 선생께서는 평생 근검절약으로 모은 청재(淸財)를 희사하여 1954년 학교법인 박영 학원을 창설함으로써 오늘날의 신라대학교의 기초를 마련하였습니다. 70평생 쉬지 않고 땀 흘리는 일을 보람으로 삼았고 쌀 한 톨과 못 동강 하나도 가볍게 여기지 않는 검약정신을 몸소 실행하셔서 동상으로 제작하였습니다. 기념비적인 의미를 떠나 가르침을 중요시하는 사범관의 옆에서 최고의 경지인 깨달음에 대한 의미를 상징적으로 나타내 주는 것 같습니다.

'네가 받은 만큼 주어라. 그러면 모든 일이 잘 될 것이다. 라는 마오리족의 경구가 있습니다. 「증여론」을 쓴 마르셀 모스는 인간 사회에서의 상품교환 이전에 존재했던 증여교환에 주목합니다. 즉 이윤추구와 부의 축적보다는 아무런 보상을 기대하지 않고, 그리고 무조건적인 증여를 통해서 베푸는 사람이 받을 수 있는 존경과 누릴 수 있는 정신적 행복으로서의 증여에 주목합니다. 증여는 오늘날 노블레스 오블리주(nobless oblige) 즉 가진 자의 책임으로 이어지고 있지요. 혜택을 받은 만큼 돌려주어야 한다는 정신입니다. 아마도 부를 사회적으로 환원하는 많은 방법이 있지만 그 중에서도 학교를 세우는 것 즉 건학(建學)이야 말로 가장 값진 것으로 여겨집니다. 교육을 통해서 또 다른 증여를 실천할 수 있는 인재를 길러내는 것이지요. 이러한 점을 볼 때 설립자 박영택 선생의 동상이 사범대 옆에 위치한 것은 우연이 아닌 듯 싶습니다.

5. 사범관에서 공학관

문화가 꽃피는 화랑

6

대학본부동에서 글로벌타운

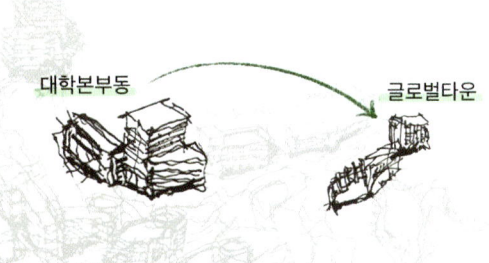

문화가 꽃피는 화랑

▲ 글로벌타운 크루즈 배

　어느 날 출근길 5층 상경관 주차장에 차를 대다가 우연히 바라보게 된 기숙사 글로벌타운입니다. 마침 아침 새벽에 비가 왔는지 글로벌타운 뒷산에는 하얀 연무가 덮여 있습니다. 가만히 보니 크루즈선(유람선)과 비슷하게 생겼다는 생각이 듭니다. 크루즈는 원래 바다에 떠 있어야 함에도 불구하고 뜬금없이 산으로부터 불쑥 튀어나와 있습니다. 사실 필자는 한때 크루즈에서 승무원으로 근무했는데 긴 항해를 마치고 새벽에 항구로 귀환할 때 가끔씩 보았던 이른 아침 안개에서 본 크루즈에 대한 기억이 자연스럽게 연상된 것 같습니다. 그러고 보니 크루즈는 세계 각지에서 온 승객들로 북적이는데, 글로벌타운도 세계 각지에서 온 학생들이 모여 사는 곳이니 글로벌타운과 크루즈를 연결하는 것도 결코 억지 주장은 아닌 듯합니다. 크루즈의 앞뒤가 둥그런 이유는 바람의 저항을 최소화하기 위한 설계입니다. 글로벌타운에 사는 학생들 모두 인생의 바람에 저항없이 순풍(順風)에 돛을 단 것처럼 잘 나가길 기원하며 뜬금없이 아침부터 발칙한 상상을 합니다.

  기록에 의하면 BC. 6000년경 인류의 문화 문명의 발상과 더불어서 배는 하천과 강, 호수를 건너기 위해서 사용되었던 것으로 추정된다고 합니다. 그리고 선박건조술과 항해술의 발달로 인류는 바다를 건너면서 다른 문명을 만나 교류하고, 새롭게 접한 환경에 적응하며 다양한 학문과 기술을 발전시켰을 것으로 생각됩니다. 세상과 우리의 삶을 바다에 비유하면, 대학의 교육은 그 바다를 건너가기 위한 하늘의 별자리와 나침반의 역할을 한다고 볼 수 있습니다. 원하는 목적지까지 잘 도착할 수 있도록 성공적인 항해의 시작을 신라대학교에서 함께 시작해 보는 것은 어떨까요?

▲ 종합강의동

  종합강의동에는 특별함이 있습니다. 네덜란드 역사학자인 호이징가(Huizinga)는 인간은 원래 놀기 위해서 태어난 존재 즉 호모 루덴스(Homo Ludens)라고 하였습니다. 그러고 보면 공부라는 것도 노는 방법 중 하나일 터, 종합강의동이 말 그대로 강의실 이외에 햄버거 가게, 카페가 있고 아트 앤 스페이스라는 예술공간까지 있으니 이러한 눈호강이 없습니다. 차라리 종합강의동을 호모 루덴스 홀이라고 바꾸는 것은 어떨까요?

문화가 꽃피는 화랑

< 글로벌타운 >
- A, B동 : 2010년 2월 준공 된 지상 7층 건물
  C동 : 2015년 준공 된 지상 5층 건물

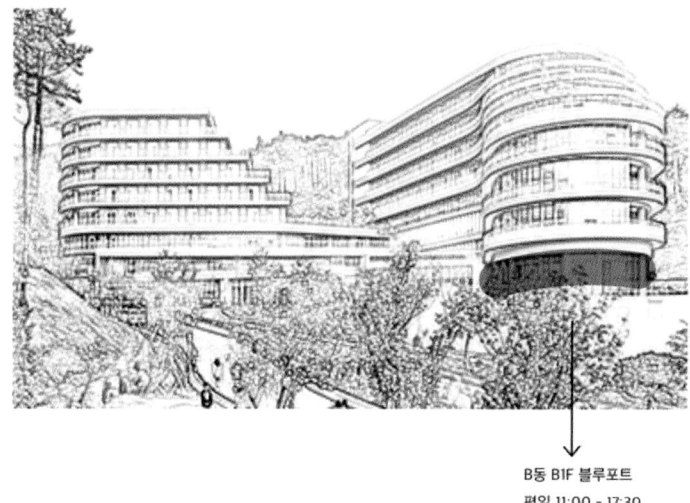

B동 B1F 블루포트
평일 11:00 - 17:30
주말 11:30 - 17:00

C동 1F 길동우동
평일 09:00 - 20:00
토 10:00 - 15:00
일, 공휴일 휴무

아트 앤 스페이스

　우리대학은 COVID-19 극복을 위한 힐링 프로젝트의 일환으로 장기화된 전염병으로 몸과 마음이 지친 학생과 교직원, 사상구 주민 등을 위해 우리대학 종합강의동 1층 로비를 전시공간으로 연출해 전시회를 선보였습니다.

　종합강의동 1층에 있는 아트 앤 스페이스는 이디야 커피 옆에 함께 있습니다. 커피가 인간의 기호식품으로 자리 잡으면서, 예술과 커피는 오랫동안 특별한 관계를 가지고 유지해오고 있습니다. 문학 작가들은 글에서 커피를 기호나 은유로 사용하면서 영감을 얻기도 하고, 작품의 소재로 사용하였습니다. 18세기의 커피하우스는 음악가들의 공연장이자 사교의 장이었습니다. 또한 커피는 미술에서도 예술적 매개체로 사용되기도 하며, 까페에서는 예술가들의 작품을 전시하고 모임을 위한 공간으로 활용됩니다. 신라대의 예술공간인 아트 앤 스페이스와 이디야 커피가 함께 있는 것도 예술과 커피의 이와 같은 특별한 관계 때문일지도 모른다는 생각이 듭니다.

문화가 꽃피는 화랑

 시인이 오로지 시만 생각하고 경제인은 오로지 경제만 생각한다면 이 세상이 낙원이 될 것 같지만 사실은 시와 경제 사이의 생각을 하는 사람이 없으면 다만 휴지와 화폐, 종이 두 장만 남을 뿐이다(김광규 시인의 '생각의 사이' 中)라는 시구가 떠오릅니다. 종합강의동에서 관광비즈니스를 열심히 떠들다 마치고 아트 앤 스페이스에 걸려있는 예술작품에 눈길이 머물면서 말입니다. 그래서 종합강의동이 아닌가 하는 생각이 듭니다.

쉼터

재학생 쉼터 장소이며 우리들의 소담 휴게 장소입니다.

▲ 종합강의동 3층 발코니에서 바라본 노을

문화가 꽃피는 화랑

종합강의동 3층 발코니는 캠퍼스에서 가장 전망이 좋은 곳 중 하나입니다. 발코니에 서면 김해공항에서 이착륙 하는 비행기를 볼 수 있을 뿐만 아니라, 창원시와 김해시의 경계인 불모산까지도 볼 수 있습니다. 낙동강 유역에 넓게 펼쳐진 김해평야를 보면 가슴이 뻥 뚫리는 느낌이 듭니다. 그렇다면 우리 학교에서는 얼마나 멀리 떨어진 곳까지 볼 수 있을까요? 지구를 완벽한 구라고 가정을 하면 가장 멀리 보이는 곳은 수평선이나 지평선이 됩니다. 지구 반지름(6,400km)과 종합강의동 3층 발코니의 해발고도(200m)를 가정하면, 대략 51km까지 볼 수 있는 것으로 계산됩니다. 우리의 시선을 가로막는 산이 없다면 발코니에서는 창원시를 너머 함안군까지 볼 수 있습니다.

 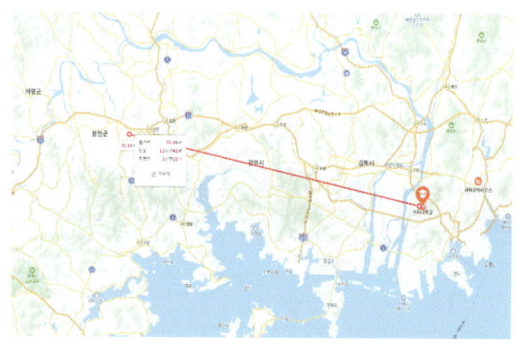

▲ 산속 카페, 블루포트 (blue pot)

숲 속으로 가고 싶어서 나온 길에 느긋하게 가을을 만끽하며 커피 한잔할 여유를 가져봅니다. 신라대학교 커피숍 블루포트에서 좋으신 분과 맛있는 커피와 달콤 따뜻한 크로플 한 조각 그리고 미로같은 캠퍼스의 가을을 찾아 여기저기 기웃기웃. 다음달 가을이 깊어지면 이 좋은 분과 다시 한번 가을색을 즐기는 재미도 솔솔합니다.

새로 생긴 카페까지 걸어가 보기로 했습니다. 가장 중요한 포인트는 무릎의 방향이었습니다. 무릎은 당연히 정면으로 보고 있는 줄 알았는데 구경하다가 제멋대로 돌아갑니다. 허리를 펴고 무릎 사이 간격도 적당히, 두번째 발가락을 비틀어지지 않게 해서 경쾌하게 고관절을 움직여 봅니다. 자연히 어깨는 펴지고 시선은 몇 미터 앞 목련을 향합니다. 목련은 특유의 건치를 드러내며 환하게(고은수의 빙고 중), 어쩌면 산 속 까페를 향하는 내 맘을 이리도 잘 그려 놓았는지.

글로벌타운(세계수)

▲ 글로벌타운_세계수

세계수는 우주의 기원과 구조 및 삶의 근원을 상징한 상상의 나무를 뜻하며, 세계수목(世界樹木), 생명수(生命樹), 생명수목(生命樹木)이라고도 표현합니다. 하늘을 떠받치는 거대한 나무이며, 하늘과 지상, 그리고 뿌리를 통해 지하를 연결한다는 모티브로 예로부터 많은 신화, 판타지 소설, 영화 등에 등장하였습니다. 글로벌타운의 세계수는 신화 속의 세계수들과 비교하여, 나무의 크기는 조금 부족하지만 그 풍채와 기상은 충분히 대적할 만큼 당당함이 느껴집니다.

문화가 꽃피는 화랑

▲ 글로벌타운_코스모스 언덕

햇살 연못

바쁜 학교시간동안 친구들과 점심 한번 같이 하기가 힘들었습니다. 이에, 날을 잡아 신라대학교 최대 장점인 아름다운 캠퍼스 및 도시락을 활용하여 색다른 소풍 분위기를 가져보기로 하였고 돗자리를 설치할 여러 장소를 물색하다가 '작은 연못'을 발견하게 되었습니다. 이 '작은 연못' 은 학교와 등산로가 이어지는 공간에 형성되어 있었고 금붕어, 올챙이 등 다양한 생물들이 살고 있었으며 특히, 햇살이 연못에 반사되는 모습이 너무나 이쁜 연못이었습니다. 많은 학생들이 학교를 대표하는 큰 연못뿐 아니라 '작은 연못' 에서도 힐링도 하고 캠퍼스 낭만을 느끼기를 기대해봅니다.

▲ 종합강의동

▲ 빛나는 종합강의동 & 글로벌타운

늦여름에 소낙비가 내리고 막 개었을 때, 한줄기 빛이 종합강의동과 글로벌타운을 향해 조명을 비추듯이 보여주는 멋진 모습을 담아 보았습니다.

문화가 꽃피는 화랑

7
화랑관에서 대운동장

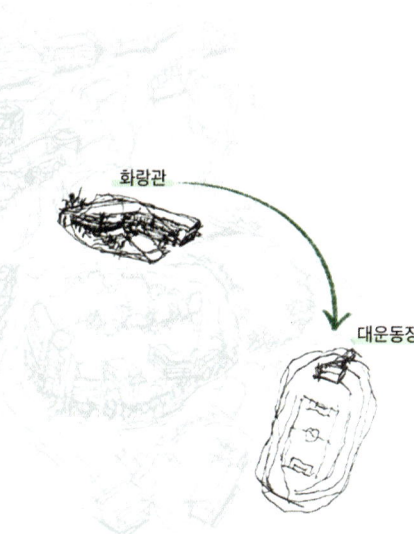

문화가 꽃피는 화랑

▲ 화랑관 타이타닉

화랑관 전면부 건물은 마치 타이타닉의 모습을 연상하게 합니다. 타이타닉은 영국의 화이트 스타 라인이 운영한 북대서양 횡단 여객선입니다. 1912년 4월 10일 영국의 사우샘프턴을 떠나 미국의 뉴욕으로 향하던 첫 항해 중, 4월 15일 빙산과 충돌하여 침몰하였습니다. 침몰 원인으로는 빙산 경고 무시, 날씨 상황, 항해 속도, 선체 재질 특성과 리벳 부품 및 지자기 폭풍 등 다양한 가설들이 대두되었으며, 타이타닉은 그 후 소설과 영화의 소재로 현재까지 회자되고 있습니다. 큰 배가 대양의 파도를 헤치며 나아가 듯, 화랑관 지붕의 상부를 바라보면 마치 숲으로 된 바다를 뚫고 전진하는 배의 역동성이 느껴지며, 타이타닉의 주인공 레오나르도 디카프리오와 케이트 윈슬릿이 된 것처럼 잠시 눈을 감게 됩니다.

남자 주인공 잭은 자유로운 영혼을 가진 가난한 화가이자 3등석 손님이고 여자 주인공 로즈 역시 귀족출신이지만 자신을 얽매고 있는 결혼과 신분의 굴레를 박차고 기회의 땅을 밟으려는 당시 여성으로서는 보기 힘든 또 한 명의 자유로운 영혼이었습니다. 이들이 함께 바라보는 바다야 말로 새로운 기회이자 미래였습니다. 누가 알겠습니까. 여기 화랑관에서 내 자신이 운명의 상대를 만날지.

문화가 꽃피는 화랑

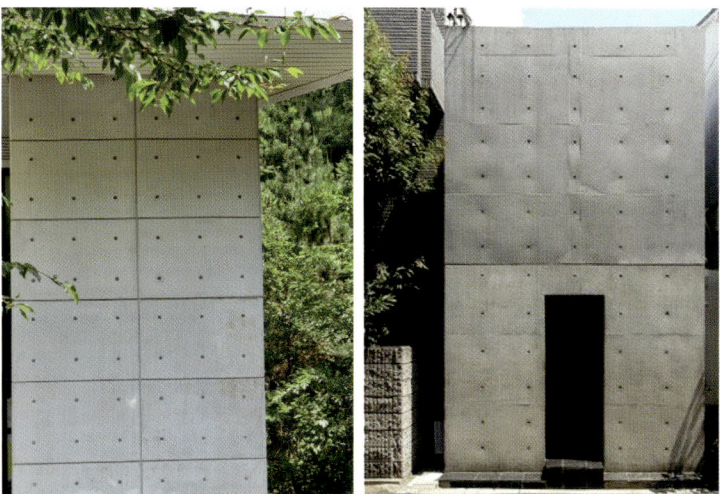

▲ 화랑관_안도다다오 스미요시노나가야 주택

　화랑관의 외부 건축 형태는 인생처럼 빛과 그림자가 있습니다. 안도다다오 [1]'스미요시노나가야 주택'의 사각 콘크리트 건물은 마치 따로 마감재도 없이 콘크리트만을 사용한 간결한 소재와 단순한 기하학 공간 구성에 자연을 도입함으로써 정신적 풍요로움을 강조한 작품입니다. 아마도 다른 장식을 일체 배제하고 '빛'으로써 색다른 공간의 특징을 만들고자 했음에 틀림이 없습니다.

　화랑관은 대학일자리플러스센터와 취창업지원팀, 진로개발센터, 글로벌비즈니스지원센터, 학생상담센터 등 입학에서 취업까지 원스톱 통합 서비스를 제공합니다.

　대학일자리플러스센터는 재학생, 졸업생, 지역 청년을 대상으로 체계적인 진로 및 취업 지원 서비스를 제공하고 있습니다. 특히 다양한 정부 청년정책 소개 및 참여를 통한 전공과 역량에 맞는 진로 선택, 취업 목표를 달성할 수 있도록 지원하여 재학생을 포함한 많은 지역 청년들이 센터를 찾고 있습니다.

1　스미요시 나가야(1976년 준공)의 나가야(長屋)는 여러 개의 집들이 연달아서 지어지는 일본 에도시대의 전형적인 주거 건축 형태이다. 일본 건축가 안도다다오의 대뷔작.

팝콘 맛집

 야외데크에서 바라보는 전망과 풍경이 일품인데, 전망데크 앞에 있는 벚나무 몇 그루가 이제 막 꽃망울을 터트리기 시작해서 조금 아쉽지만, 이삼일 지나면 그림같은 풍경이 연출되리라 생각됩니다. 탁 트인 전망을 감상하며 여유로운 시간을 보낼 수 있습니다. 야경 속에서 피어오른 벚꽃이 예뻐서 찍은 사진입니다. 벚꽃 만개 시즌에 촬영을 하여서 팝콘 맛집이라고 이름을 붙여보았습니다.

여기서 잠깐!!

 팝콘을 먹을 때, 왜 팝콘은 옥수수 알갱이에서만 만들어질까? 다른 곡물로는 만들 수 없을까? 라고 생각해 본적이 있나요? 옥수수 알갱이로만 팝콘을 만들 수 있는 이유는 옥수수의 딱딱한 껍질과 알갱이 내부에 있는 수분 때문입니다. 온도가 올라가면 내부의 수분이 가열되고, 알갱이의 내부 압력이 높아집니다. 딱딱한 껍질(외피)는 압력솥과 같은 역할로 내부의 압력을 버티다가, 더 이상 버틸 수 없는 지경에 이르면 외피는 파괴됩니다. 이 때 알갱이 내부에서 끓었던 단백질과 전분이 거품으로 올라오고 순식간에 굳어지면서, 우리가 하는 팝콘 모양이 되는 것입니다. 그래서 일반 옥수수나 다른 곡식은 가열 시 알갱이 내부의 수증기가 외피를 통해서 빠져나가기 때문에 팝콘으로 만들어지지 않습니다.

도시락

▲ 숨은 커피(앤 도시락) 맛집 한솥과 가든 테라스(게티센터, LA)

대부분의 교직원 선생님들과 학생들에게는 한솥이 도시락 맛집이라고만 알려져 있을 겁니다. 하지만 여기에는 커피와 음료도 함께 판매를 하고 있으며 가성비와 맛이 둘 다 매우 좋습니다. 화랑관 2층에 위치하고 있는 한솥은 기둥과 높은 천장이 있는 테라스가 있습니다. 탁 트인 전경과 봄날의 따뜻한 바람을 느끼며 마시는 커피 한 잔은 미국 로스엔젤레스의 유명한 미술관인 게티 센터의 가든 테라스를 연상시킵니다.

프로스트의 〈잃어버린 시간을 찾아서〉라는 책을 보면 홍차에 적신 마들렌이 그동안 잊고 있던 과거로의 회상 단서가 되는 장면이 나옵니다. 참고로 마들렌은 레몬향이 첨가된 프랑스식 쿠키입니다. 누구에게는 사소하지만 나에게는 회상과 상상을 불러일으키는 것이 미각입니다. 소리도 마찬가지입니다. 우리학교 교가 〈신라인의 노래〉는 작곡가, 가수 겸 방송인인 윤종신님이 작곡하였습니다. 또 모르지 않겠습니까? TV에서 윤종신을 보면 문득 내 20대를 하얗게 불태웠던 모교 교정이 생각날지요. 이탈리아 커피를 마실 때 파바로티의 가곡을 같이 하면 커피의 풍미가 훨씬 더 한다고 합니다. 숨어있는 맛집을 찾아 나중에 20대 시절을 회상해 보는 단서를 만들어 봅시다.

대운동장 (콜로세움)

대운동장은 평지에서 조금만 올라가면 학교 뒷 편에 위치하고 있습니다. 뒤에 백양산이 있고, 넓은 부지에 아름답게 지어져 있습니다. 서기 80년에 완공된 고대 로마 시대의 대표적인 건축물인 콜로세움은 콘크리트, 석회암, 응회암으로 지어졌었고, 5만명 이상의 관중을 수용할 수 있었다고 합니다. 이러한 거대한 건축물을 구조적으로 안전하게 설계하고, 미적으로 아름다운 모양을 만들 때 수학적인 원리들이 활용되었습니다. 타원형 모양인 콜로세움은 수학공식을 기반으로 정확한 측정과 비율로 설계되었고, 아름다운 미관을 만들며 하중을 분산시키는 구조인 아치형 구조 또한 수학적인 계산을 통해서 만들어졌습니다. 그래서 콜로세움은 지은지 2천년이 다되어 가지만 오늘날까지 보존되어 오고 있습니다. 콜로세움과 모양이 비슷한 대운동장은 현대의 건축기술과 자재들을 활용하여 지어졌으며, 각종 운동경기와 행사를 개최하기 위한 장소로 활용됩니다. 또한 운동장 주위 트랙에서는 걷거나 가볍게 뛰는 사람들을 볼 수 있습니다.

문화가 꽃피는 화랑

▲ 운동장 디오니소스

　디오니소스는 그리스 신화에 나오는 신(神)으로 포도주의 신이자 풍요의 신이며 또 기쁨과 광란의 신이라고 합니다. 이성(理性)의 신이자 태양의 신인 아폴로와 대비됩니다. 그리스신화에 나오는 신들은 결국 인간이 닮고자 하는 이상향을 구체화 시켜 놓은 것입니다. 따라서 인간은 이성도 있어야 하지만 감성도 있어야 합니다. 강의실이 대표적인 이성의 전당이라면 운동장은 감성이 연출되는 곳, 극장이 되어야 합니다. 디오니소스는 로마신화에서는 바쿠스라고 합니다. 박카스를 아는가요? 같은 말입니다. 언젠가 올드세대를 위한 피로회복제 박카스가 젊은 세대의 열정과 힘을 응원하는 광고로 변신을 모색한 바 있었습니다. 한번쯤은 디오니소스가 되어 운동장을 가로질러 달려보지 않겠습니까?

2022년 타임캡슐 슈퍼콘서트가 대운동장에서 열리기도 했습니다. 이 콘서트는 복고 컨셉으로 진행되어, 많은 사람들이 추억을 되새기며 즐길 수 있는 시간이었습니다.

원형정원

예술과 음악의 도시, 잘츠부르크

▲ 원형 정원과 미라벨 정원

문화가 꽃피는 화랑

　대운동장 입구에 위치한 원형정원은 신라의 사계절을 담아낼 예정입니다. 바람과 일조량에 따라 수시로 변화하며, 마치 오스트리아 잘츠부르크에 있는 미라벨 궁전의 정원의 탄생과 소멸의 순환을 보여줄 정원을 통해 자연의 순리와 생명력을 전달할 수 있기를 기대합니다. 미라벨 궁전의 정원은 궁전 뒤편으로 펼쳐져 있으며, 유럽에서 가장 아름다운 바로크 정원 중 하나로 손꼽힙니다. 17세기에 완성된 미라벨 궁전은 궁전 앞 정원이 영화 〈사운드 오브 뮤직〉에서 마리아와 아이들이 도레미 송을 부른 장소라고 합니다. 바로크 양식의 정원은 그리스 신화의 영웅을 조각한 대리석 상으로 장식되어 대규모로 설계된 정원은 대칭적인 구조를 가지고 있습니다.

　바야흐로 전국적으로 정원(garden) 열풍입니다. 즉 인간에게 휴식을 주고 삶의 활력을 주는 공간을 우리는 가끔씩 은유적으로 정원이라고 합니다. 부산의 낙동강 삼락둔치 생태공원이 지방정원으로 지정되었다고 합니다. 대도시에 사는 시민들에게 정원의 존재는 매우 중요한 의미를 가집니다. 뉴욕 맨해튼의 센트럴파크의 설계자인 로버트 모지스(Robert Moses)는 '만약 맨해튼 중심부에 큰 공원을 설계하지 않으면 5년 후에 똑같은 크기의 정신병원을 지어야 할 것이다' 라고 했습니다. 주지하다시피 도심 한가운데 있는 이 공원은 정원의 한 형태라고 할 수 있는데요, 바쁜 뉴욕 시민들에게 일상의 삶의 활력을 제공하는 청정산소탱크와 같은 존재입니다. 그렇다면 대운동장 입구의 원형정원은 신라인에게 어떠한 의미일까요?

▲ 낙동강이 바라보이는 신라대학교 축구장

축구장에서 바라보는 전경은 흐려도 멋진 영상의 한 장면을 느낄 수 있습니다. 기분 전환이 필요할 때 축구장으로 올라가면 탁 트인 풍경을 누릴 수 있습니다.

축구장 주변으로 '부산시 지산학 펫 파크' 개장과 동시에 '2023 신라대학교 반려동물 축제'를 개최해 반려동물의 웃음소리로 캠퍼스를 가득 채웠습니다. 신라대학교 반려동물사업특화 조성사업단(I-URP사업단)이 부산시의 지원으로 '부산시 지산학 펫파크'를 개장하였습니다.

부산시의 지원으로 전국 최초로 대학 캠퍼스 내에 '부산시 지산학 펫파크'가 조성되어 지역주민들에게 반려동물과 함께 즐길 수 있는 공간이 만들어졌습니다.

문화가 꽃피는 화랑

숲속 약수터

▲ 화랑관 앞의 석양

화랑관을 지나 대운동장 방향의 언덕을 넘다보면 숲속 약수터를 마주할 수 있습니다. 오래된 수목들이 약수터의 주변을 빼곡하게 자리하고 있어 자연스럽게 숲과의 힐링이 시작됩니다. 마른 냇가에 핀 고결하고 신비로운(수선화꽃말) 수선화를 맞이하면 큰 행운을 받아 기쁨을 감출 수 없습니다.

화랑관 앞은 눈부신 석양을 감상하기에 최고의 장소입니다. 붉게 물든 하늘과 수평선 이 만들어내는 장관은 감탄을 자아냅니다. 석양이 저 멀리 산에 닿는 순간, 황금빛으로 빛나는 황홀한 풍경은 잊지 못할 감동을 선사합니다.

8

의생명관에서 미래항공융합센터

미래항공융합센터

　6월초 자주 내리는 비로 '맑은 하늘을 보고싶다'고 생각을 하고 있었는데 점심시간 쨍한 날씨가 반가워 밖을 나가보니 하늘에 온통 몽실몽실 양털 구름이 CG처럼 펼쳐져 있습니다.

　통유리, 빨간벽돌, 초록이 무성한 나무와 함께 찍으니 항공센터건물이 영화 세트장처럼 멋지게 보입니다.

< 미래항공융합관 >
- 2004년 2월 준공 된 지상 4층 건물

오픈캠퍼스

 항공 실습동에서 미래 유망산업을 선도하기 위한 지산학 총괄 플랫폼 행사가 열렸습니다. 대학이 주체가 되어 항공 실습동은 '오픈캠퍼스 미팅(2021. 10. 12)'의 공간으로 사용되었습니다. 지산학 총괄 플랫폼인 지산학협력센터를 열어 기업 맞춤형 서비스 제공을 목적으로 항공 실습동이 다양한 공간으로 활용되고 있습니다.

 하늘을 날고 싶어하는 것은 인간의 오래된 욕망이었습니다. 그래서 그런지 공항에 가면 그리고 활주로에 대기하고 있는 비행기를 보면 아직도 가슴이 띕니다. 어릴 적 본 대한항공 광고(CF)의 강렬함을 잊을 수 없습니다. 푸른 하늘 구름 위를 배경으로 선명한 태극문양을 꼬리에 달고 유유히 나르는 장면은 아직까지 눈에 아른거리고, 잔잔히 흐르는 아니타 커 싱어스의 〈Welcome to my world〉는 귓가를 맴돕니다. 이 정도면 성공한 광고가 아닌지요? 항공대학 학생들은 말그대로 이 세계, 신라대에 참 잘 왔습니다. 조금씩 작은 날개 짓을 할 때입니다.

문화가 꽃피는 화랑

▲ 미래항공융합관 1층 mock-up – 공항처럼

　인간은 새처럼 직접 하늘을 날 수 없지만, 다양한 방법으로 하늘을 나는데 성공을 하였습니다. 하늘을 난다는 말은 다른 말로 바꾸면 지구와 힘겨루기를 해서 이긴다고 볼 수 있습니다. 하늘을 날 수 있는 첫번째 방법은 물질의 밀도차를 이용하여 지구의 중력보다 더 큰 힘을 만드는 것입니다. 밀도가 다른 두 종류의 물질이 있을 때 밀도가 큰 물질이 아래로 내려오고, 작은 물질이 큰 물질 위에 뜨게 됩니다. 이러한 현상을 이용하면 층층이 색깔이 다른 무지개 주스를 만들 수 있고, 공기보다 가벼운 헬륨가스를 이용하여 풍선을 하늘위로 날려 보낼 수 있습니다. 밀도차에 의해 발생하는 부력을 이용하여 1783년 프랑스의 몽골피에 형제는 최초로 사람을 태운 열기구를 파리의 하늘에 띄우는데 성공을 하였습니다. 두번째 방법은 양력을 이용하는 것입니다. 양력이란 물체의 주위에 공기와 같은 유체가 흐를 때 물체의 표면에서 유체의 흐름에 대하여 수직 방향(중력의 반대 방향)으로 발생하는 역학적 힘을 말합니다. 그래서 비행기가 활주로에서 막 출발할 때는 중력이 양력보다 커서 비행기가 활주로 위를 이동하지만, 비행기의 속도가 중력보다 양력이 커지는 임계속도에 이르게 되면, 비행기는 지면으로부터 벗어나며 하늘을 날게 되는 것입니다.

항공 영화 배우

소재가 다양한 만큼 항공업계 관련 드라마 및 영화도 많습니다. 영화 '탑건 Top Gun (1986)' 해군 최신 전투기 F-14기를 모는 젊은 조종사 매버릭 대위(톰 크루즈)가 되어 전투기와 함께 멋진 장면을 연출합니다.

항공 실습동

신라대학교 항공대학은 동남권 유일 항공 특성화 단과대학으로 '항공·드론 거점 캠퍼스'로의 비상을 준비하고 있습니다. 첨단 드론 장비와 무인항공기 통합관제실까지 갖춘 '사물인터넷(IoT) 실증센터'를 운영하고 있고, 특히 가덕신공항 개항에 발맞춰 조종사, 정비사, 항공운항관리사, 캐빈 승무원, 물류전문가 등 지역 내 수요 증가가 예상되는 분야의 전문가를 양성하고 있습니다.

항공관 그네

▲ 항공관과 광안루 남원의 그네, 경북 청송의 고택 담벼락

문화가 꽃피는 화랑

　항공관 실습동 뒤로 봄바람이 불어 오면 백양산 뜰에는 종다리가 놀고 제비가 나니 산 언덕에 벚꽃 향기가 가득한데 항공관 홀로 그네는 우리의 가슴을 설레게 하며 신라대 산등성이 위로 하늘 높이 날아갑니다. 남원 광한루 중심에서 사랑을 외치다 춘향이가 단옷날 그네를 뛰는 것을 이도령이 보고 첫눈에 반해 사랑이 싹트기 시작한 것처럼 우리의 마음도 한국의 정서에 흠뻑 취하게 됩니다.

　그네를 뛰는 이유는 바깥세상을 바라보기 위함이라. 이팔청춘 춘향이도 주어진 삶의 단조로움을 벗어나고자 하는 바램이 있었던 것으로 보입니다. 또 옛날 우리 아낙네들은 널을 뛰기도 하였습니다. 담장에 갇혀 있던 부녀자들이 하늘로 솟구치면서 바깥세상 풍경을 보며 갑갑한 마음을 달래기도 하였다고 합니다. 또한 이러한 마음을 알기에 근엄한 어르신들은 담장에 작은 구멍을 뚫어 바깥세상을 볼 수 있도록 했습니다. 캠퍼스에서 가끔씩은 바깥을 봅시다. 그리고 백양산에 올라 학교를 내려다보며 안 세상도 구경합시다.

　그네는 단진자 운동의 대표적인 한 예입니다. 고정된 축이나 점의 주위를 일정한 주기로 왕복운동 하는 것을 진자 운동이라고 하며, 이러한 주기 운동은 그네, 시계, 놀이기구, 지진계 및 전동휠 등 산업과 생활에 다양한 형태로 활용되고 있습니다. 1583년 이탈리아의 철학자, 물리학자, 천문학자인 갈릴레오는 피사의 대성당에서 미사를 드리던 중 천장에 매달린 샹들리에가 흔들리는 것을 보고 '진자의 등시성'을 발견하게 됩니다. 진자의 등시성이란 진자가 움직이는 진폭과 추의 무게와 상관없이 진자의 주기는 일정하다는 것을 의미합니다. 그네의 운동도 진자의 운동과 같기 때문에, 그네를 한 명 또는 두 명이 타거나, 올라가는 높이를 높게 하거나 낮게 하더라도 그네가 왕복하는데 걸리는 시간은 같습니다. 혹시 기회가 된다면, 그네의 움직임을 통해서 진자의 등시성을 한 번 확인해 보는 것은 어떨까요?

 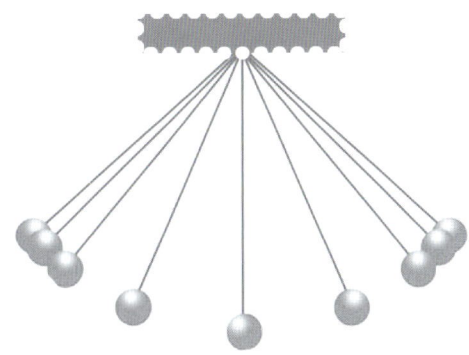

▲ 피사 대성당 황금 천장의 샹들리에와 진자운동

항공대 실크로드

▲ 항공대 실크로드

    그네가 설치된 옆으로 작은 옹달샘까지 마음의 교통로가 바로 연결됩니다. 비단길(Silk Road)이라고 일컫는 실크로드는 고대 중국과 서역 각국 간에 비단을 비롯한 여러 가지 무역을 하면서 정치·경제·문화를 이어준 교통로의 총칭이지만 백양산 옹달샘과 좁은 계곡을 연결한 비단길은 학교와 백양산을 이어주며 어느 못지 않은 편안하고 안락한 길임에 틀림이 없습니다.

석양의 무법자

사진 중 일몰 사진은 항공대학 입구에서 낙동강 방향으로 보고 찍은 사진입니다.

겨울 오후의 석양이 사뿐이 내려오기 시작합니다.

〈석양의 무법자〉라는 클린트 이스트우드 주연의 1966년 작 서부극이 있습니다. 영화에서는 미국 서부개척시대 보안관, 인디언, 현상금 사냥꾼 그리고 무법자 악당 등이 총 싸움을 합니다. 원래 영어제목은 〈the good, the bad, the ugly〉인데 석양의 무법자라는 제목이 뜬금없습니다. 번역을 해보면 좋은 사람, 나쁜사람 그리고 추악한 사람인데 아마도 '인간의 세가지 부류가 아닌가'라는 생각이 듭니다. 맹자의 성선설을 굳이 끌어오지 않더라도 착하고 선하게 태어나서 이를 지탱해 나가는데 얼마나 힘듭니까? 아마도 석양이라는 것이 인생의 가장 막바지를 상징하는 것으로 보입니다. 아무리 정의와 선과 올바름으로 무장하고 학교를 졸업하지만 결국 결론은 인생의 황혼기, 석양에서 어떠한 인간으로 인생을 마무리할지는 아무도 모르지요. 자, 여러분은 어떠한 인물이 되고 싶습니까?

석양빛 사이로 도서관과 인문관을 통하는 사잇길에 철쭉이 얼굴을 드리우기 시작합니다.

의생명관

　신라대 막걸리세계화연구소는 농림축산식품부의 전통주 전문 인력 양성기관으로 선정돼 우리 술 전문가 양성에 최선을 다하고 있습니다. 우리의 전통주가 세계에서 경쟁력이 있는 브랜드가 될 수 있도록 품질 관리 기술의 전문성을 높이고 관련 전문가를 양성하고 있습니다.

　중국 진나라의 진수가 쓴 삼국지를 보면 우리나라를 동이(東夷)라고 부르면서 하늘에 제사를 지내는 제천행사에는 술 마시고 노래하고 춤을 추는 음주가무를 즐기는 민족이라고 소개하고 있습니다. 여기에 우리는 주(酒)에 주목합니다. 술은 단순하게 즐기는 것이 아니라 풍류 즉 자연과 인생과 예술을 즐기는 방법이지요. 잠시 건물을 지나면서 막걸리의 향기를 즐기는 것도 좋겠습니다. 서양에 포도주와 맥주가 있다면 한국에는 막걸리가 있습니다.

　술은 과실 또는 곡물을 발효시켜서 제조합니다. 발효의 종류에는 단발효, 단행복발효, 병행복발효가 있습니다. 단발효는 당을 포함하고 있는 원료(과실, 꿀, 당밀)에 효모를 첨가하여 알코올을 만드는 것을 말합니다. 발효된 것을 여과·제성하면 와인(과실주)이 되고, 증류하면 브랜디가 됩니다. 단행복발효는 당화 작용과 알코올 발효를 따로 실시하는 것을 의미하며, 보리를 맥아로 만든 후 당화된 맥아즙을 만들고, 맥아즙에 효모를 넣어 알코올을 만드는 과정을 말합니다. 곡류나 서류를 발효한 후 여과·제성하면 맥주가 되고, 증류하면 위스키가 됩니다. 병행복발효는 쌀, 누룩, 효모를 동시에 넣고 당화와 알코올 발효를 동시에 실시하는 것을 의미합니다. 누룩에는 효소(누룩곰팡이)와 효모가 같이 존재하기 때문에, 효소가 당을 만들어 내고 효모가 당을 발효시켜 알코올을 만듭니다. 곡류나 서류를 발효한 후 여과·제성하면 막걸리, 약주, 청주가 되고, 증류하면 증류식 소주가 됩니다.

< 의생명관 >
- 2008년 12월 준공 된 지상 5층 건물

1F 다판다아이스 (무인편의점)
연중무휴 24시간

팔라시오 풋살장

 뜨끈뜨끈한 새로운 구장의 매력에 빠져보시려면 신라대 팔라시오 풋살장으로 오시면 됩니다. 풋살(futsal)은 국제축구연맹(FIFA)에서 공인한 실내 축구의 한 형태이며, '실내 축구'를 뜻하는 포르투갈어(futebol de salão), 혹은 스페인어(fútbol sala)에서 유래되었다고 합니다. 풋살은 골키퍼를 포함해 다섯명으로 구성된 두 팀이 대결하며, 축구에 비해 경기장의 규격이 작고, 보통 축구공보다 작은 규격의 4호 공을 사용해서 축구보다 더 빠른 플레이를 보여줍니다. 우리학교의 풋살장에는 구장마다 천막으로 둘러쌓인 평상이 있습니다. 햇빛도 차단해 주고, 겨울에는 안에 히터기가 있어 따뜻하게 있을 수도 있습니다.

 신라대 반려동물산업특화 대학혁신연구단지(I-URP) 조성사업단은 지역 주민들과 반려견을 키우는 반려인들이 무더운 여름을 시원하게 보낼 수 있도록 동물행동교정교육장을 물놀이장으로 개조해 여름 성수기 동안 한시적으로 운영하기도 합니다.

잠시 흘러가는 구름을 바라보며 누구를 싣고 가는 조각배처럼. 한 잎 또 한 잎 셀 수 없이 그렇게 꽃 진 가슴으로 낙엽이 흩어집니다. 하늘에 떠가는 구름을 바라보며 우리의 생각이나 느낌 그리고 고민도 마치 흘러가는 구름처럼 잠시 머문 뒤에 저절로 지나간다는 것을 알아차리게 될 겁니다.

문화가 꽃피는 화랑

9
산책로

백양관 뒤 산책로

문화가 꽃피는 화랑

　신라대학교는 건축관련 잡지들에 아름다운 캠퍼스로 자주 선정됩니다. 실제 우리 대학을 방문하신 분들은 푸른 솔숲을 배경으로 반원형을 그리며 배치된 붉은 벽돌 건물의 조화와 잘 가꾸어진 정원수목에 감탄하곤 합니다. 그러나 진짜 신라대 캠퍼스의 진수는 건물이 배치된 부분보다 건물 뒷편의 솔 숲에 있습니다. 축구장 245개 넓이(54만평)의 광활한 캠퍼스의 70%이상을 차지하는 송림입니다.

백양산 치유의 숲길

숲속에는 구비 구비 흐르는 두 줄기의 개울이 있고 개울가에는 화강암 마사토로 걸러진 약수가 솟아오르는 샘이 군데 군데 자리잡고 있습니다. 아래 사진은 두 줄기 벽계수(碧溪水)중 캠퍼스 좌측을 흘러내리는 운수천(雲水川)을 따라 펼쳐지는 여름 풍경입니다. 숲 속에는 까치수영, 원추리, 벌개미취 등 여름 야생화가 정취를 더해줍니다. 부슬비가 내리는 이 숲 속을 산책하면 짙은 안개가 피어오르는 환상적인 장면을 만날 수 있습니다. 신라대학교에 오시면 40분 정도라도 짬을 내어 백양생활관 기숙사 뒤에서 시작하는 산길을 산책해보실 것을 권하고 싶습니다. 한마디로 도심 속의 신선경을 만날 수 있습니다.

산책은 왜 하는가요? 인간이 여유롭게 걸어야 하는 이유는 무수히도 많습니다. 그 중에서도 건강의 회복 즉 치유가 아닌가 합니다. '코밑 안녕'이라는 말이 있습니다. 아무리 바빠도 약 30초간 눈을 감고 깊게 숨을 쉬어야 건강 해진다고 합니다. 호흡이란 내쉴 호(呼)와 들이마실 흡(吸)으로 이루어져 있습니다. 인간의 시작은 태어날 때의 날숨으로 시작해서 마지막은 죽을 때 들숨으로 끝난다고 합니다. 호흡 즉 내뱉음과 들이킴을 평생 하는 것입니다. 현대인은 호흡이 짧고 얕습니다. 따라서 우리는 걸을 때 호흡을 깊고 길게 해야 합니다. 그리고 좋은 공기가 몸 안으로 들어가야 하는 것입니다. 이러하기에 숨을 쉬는데 백양산 치유의 숲 길만큼 좋은 곳이 없습니다.

가을이면 관목활엽수의 단풍이 푸른 소나무와 어우러져 기막힌 빛의 향연을 펼칩니다. 해가 갈수록 식생이 다양해지고 더덕, 도라지 같은 약용식물도 자생하고 있습니다.

산 속의 동물들은 각양각색의 색깔을 가지고 있는데. 왜 나뭇잎은 초록색일까 생각해본적이 있나요? 식물은 꽃잎을 제외하고, 대부분 초록색 계열의 빛깔을 띱니다. 나뭇잎의 엽록체 속에 있는 엽록소는 빛에너지를 흡수하여 화학에너지로 바꾸는 광합성 작용을 하는 식물성 색소 입니다. 이 엽록소는 태양광 가운데 빨간색(650nm)과 파란색(450nm)을 가장 많이 흡수하고, 초록색 파장(500~600nm)에 해당하는 구간은 거의 흡수하지 않고 반사를 합니다. 이처럼 엽록소가 초록색 파장을 많이 반사하는 까닭에 나뭇잎들이 초록색으로 보이는 것입니다.

계곡수가 너럭바위 위를 시원하게 흘러내립니다. 발을 담그면 물이 차디 찹니다. 신라대학교가 들어서기 전에 이 골짜기 곳곳에 무당집들이 있었고 이 너럭바위에서 산신령에게 올리는 굿판이 자주 열렸다고 합니다. 무속인들은 백양산은 영험있는 산이고 이 운수천 골짜기가 백양산 정기가 모여 흐르는 곳으로 여겼다고 합니다.

문화가 꽃피는 화랑

 벚꽃이 피는 시기에 직박구리 새들이 날아와 인사도하고 여름 청량한 숲속을 향하면 파아란 하늘 위로 뭉게 구름이 빠르게 움직이기 시작합니다.

 자연 환경을 구성하는 색은 자세히 관찰해 보면 볼수록 다양한 색을 발견할 수 있습니다. 자연 환경을 이루는 색은 다채롭지만 인공적인 색처럼 현란하거나 자극적이지 않습니다. 자연의 색채는 순색으로 구성된 경우는 거의 없습니다. 순색과 같이 강렬한 색은 반드시 채도가 낮은 다른 색들이 함께 어우러져 자연스러운 모습을 보이는데 시간, 날씨, 계절의 변화에서 바위, 모래, 나무 등의 자연 구성요소에 이르기까지 색채의 다양성은 마치 색으로 보는 오케스트라의 연주를 듣는 듯합니다. 자연의 색채에는 조화롭고 다차원적으로 느끼게 하는 생명력을 지니고 있습니다.

전망대로 향하는 길목에는 아름다운 들꽃들이 반겨줍니다.

백양산_구룡계곡

치유의 숲길은 오감으로 자연을 느낄 수 있는 공간입니다. 백양산 자락으로 환경에 맞게 독특한 식생을 형성하고 있으나 입구와 전망대 능선에는 다양한 식생이 분포되어 있습니다.

▲ 백양산_구룡계곡

지리산의 구룡계곡을 생각나게 하는 계곡이 있습니다. 계곡이나 숲길에서 걸음을 멈추고 눈을 지그시 감고 서서 내 몸이 어떻게 들꽃이 되고, 물소리가 되고, 나무가 되고, 상쾌한 바람이 되는지 느껴 봅시다. 이것만으로도 자연과 함께 하는 즐거움을 충분히 공감 할 수 있을 것입니다. 어느 자연 속에서 우연히 마주치는 모든 생태의 요소요소 하나가 나와 깊은 인연을 맺은 존재임을 생각하며 가슴 깊은 곳에서 우러나오는 인사를 건넨다면 자연을 보는 또 다른 생각들이 더없이 좋을 것입니다.

자연과 함께 함은 인간이 자연의 한 존재라는 것입니다. 따라서 자연은 인간에게 많은 깨달음을 줍니다. 노자는 물을 통해서 인간의 도(道)를 제시하고 있습니다. 백양산 구룡계곡을 잠시 쉬면서 자연의 가르침을 받아봅시다. 물은 한방울 한방울 모여서 대해(大海)가 된다고 합니다. 지금 여기에서 이룬 것이 보잘 것 없다고 조바심을 갖지 맙시다. 하루 하루가 쌓여 1년이 되고 1년이 모여 4년이 걸린 졸업을 합니다. "윗물이 맑아야 아랫물이 맑습니다. 지금 나를 바라보는 후배들을 생각해 봅니다. 내가 어떠한 처신을 해야 하는지를 말입니다. 가장 좋은 가르침은 앞으로 마주보면서 말을 하는 것이 아니라 뒤를 보여주면서 행동으로 보여주는 것입니다. "흐르는 물은 썩지 않습니다". 현실에 머물지 말로 끊임없는 새로움을 추구해야 합니다. 우리 학교 교명 신라(新羅)가 무슨 뜻인지 아시는지요? 덕업일신 망라사방(德業日新網羅四方)에서 따온 것이 신라입니다. 덕업이 날로 새로워지고 그것을 사방에 떨친다는 뜻입니다. 이는 삼국사기에 나와있는 말입니다.

여름철 계곡으로 피서를 가본 사람은 계곡물이 차가워서 오랫동안 물놀이를 하지 못하거나, 발만 담궈서 더위를 식혔던 경험이 있을 것입니다. 한 여름에도 계곡물이 차가운 이유는 무엇일까요? 계곡은 나뭇가지와 수풀이 우거져서 물이 햇빛을 직접적으로 받는 부분이 적습니다. 그리고 뿌리에서 흡수한 물이 나뭇잎의 기공을 통해서 수증기 상태로 증발합니다. 이러한 작용을 증산작용이라고 하며, 액체 상태인 물이 기체상태로 변할 때 수위의 열을 빼앗아, 기온을 낮춥게 됩니다. 또한 계곡물은 원래 땅속에 있던 물이기 때문에 지표 부근의 물보다 낮은 온도를 유지할 수 있습니다. 마지막으로 계곡물은 계속 흐르기 때문에, 대류에 의한 순환이 잘되고 햇빛에 의해 수온의 상승이 적습니다.

숲속 도서관

▲ 갈맷길 숲속 도서관

숲속 도서관에는 책을 읽는 공간을 넘어 어르신들부터 유아들까지 다양한 세대가 즐길 수 있는 공간들이 마련되어 있습니다. 주변에 공원과 둘레길에 안겨있는 듯한 작은 다락방같은 미니도서

문화가 꽃피는 화랑

관입니다. '정숙!'. 도서관의 이미지는 그런 것이었습니다. 작은 소리 하나도 크게 들리고 책장 넘기는 소리만 허용되는 곳. 때로는 칸막이로 나만의 영역을 선으로 그어 집중할 수 있는 공간. 이제는 좀 다릅니다. 발을 쭉 뻗고 앉거나 눕고, 엎드리고 음료를 마시며 책을 읽게 됩니다. 우거진 녹음 밑에서 햇볕과 바람을 느끼며 책을 읽는다는 느낌의 색다른 체험입니다. 유난히 더웠던 여름이 더디게 가고 가을이 왔습니다. 가을이 독서의 계절이라고 불리는 이유는 책읽기 좋은 선선한 날씨와 높아진 하늘, 지는 낙엽과 같은 사색의 이미지 때문일까. 가을을 온전히 느끼는 독서가 가능한 곳. 숲속 도서관을 찾아가면 어떻습니까?

프랑스의 생물학자 이브 파칼레는 대표적인 걷기 예찬자 인데 "나는 걷는다 고로 나는 존재한다" 라고 하였습니다. 걷는다는 것(직립보행)은 인간의 지극히 자연스러운 행동입니다. 동물은 기어간다고 하지 걷는다고 하지는 않습니다. 인간이 걷기 위해서는 발이 필요한데 발과 함께 마음이 같이 움직여야 합니다. 온 몸과 온 마음으로 걸어야 한걸음 한걸음에 통찰을 담을 수 있습니다. 그리고 숲속 도서관에서 잠시 멈춥니다. 그리고 그동안 출발해서 나를 여기까지 데려다 준 발에게 잠시나마 휴식을 줍니다. 발은 제2의 심장이라고 하였습니다. 걷는 동안 길이가 10만km(무려 지구 두바퀴 반)이나 되는 혈관들을 통해 온 몸에 쉬지않고 피를 나르는데 도움을 준 발에게 우리가 해줄 수 있는 최소한의 보답을 해봅시다.

신라대에서 선암사로 가는 길은 힘든 오르막을 오를 일도 별로 없고, 길이 넓고 군데군데 의자와 화장실이 있어서 쉬어가기도 좋습니다. 친구들과 함께 도란도란 수다를 떨면서 봄나들이하기에 최상의 구간입니다. 벚나무들이 많아 3월말~4월초 벚꽃 필 때 가면 봄을 미리 만날 수 있고 어느새 봄이라고 중간중간에 얼굴을 내밀고 있는 매화와 개나리꽃 보는 재미도 있습니다. 선암사 가는 길은 백양산의 남쪽이라 따뜻해서 그런지 진달래와 목련도 꽤 많이 피어있습니다.

⑩ 전체 학교 전경

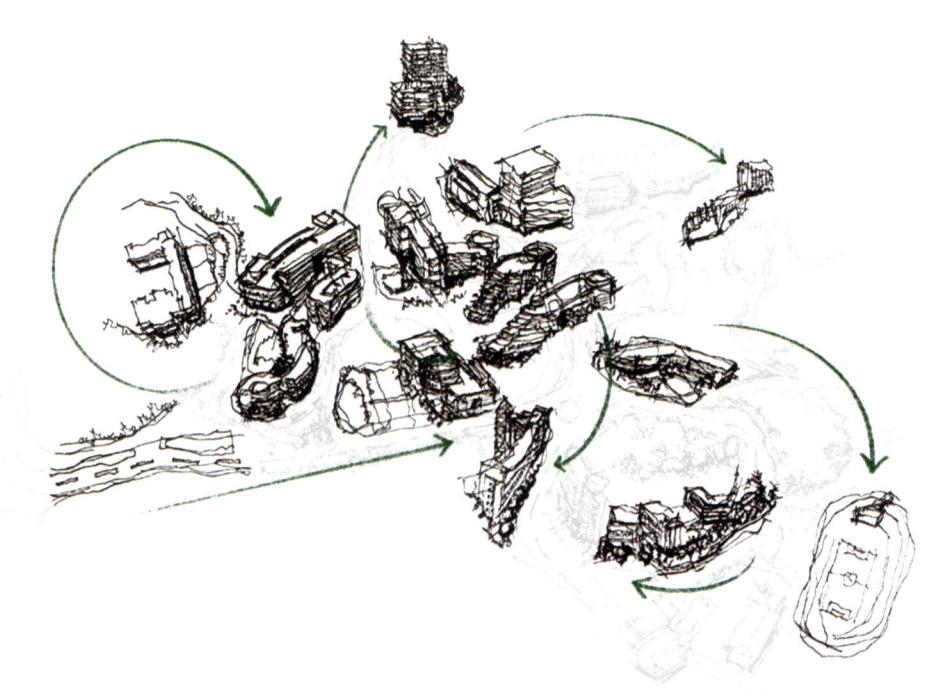

문화가 꽃피는 화랑

　신라대학교의 캠퍼스는 정말 아름답습니다. 해마다 건축관련 잡지가 아름다운 대학캠퍼스 베스트 10을 선발하면 거의 빠짐없이 등재되는 곳이기도 합니다. 캠퍼스 중앙에 위치하고 있는 연못을 중심축으로 원호를 그리면서 배치된 벽돌색 건물들이 짙은 소나무 숲 배경과 어울려 한 폭의 그림을 이룹니다. 또한 캠퍼스 내 가로수로 심은 왕벚, 산벚, 메이플 단풍 등이 철따라 새로운 풍경을 연출합니다. 54만평 광활한 교지 내의 아름드리 곰솔 숲에는 해마다 야생화들이 그 종류와 개체수를 더해가고 있어 완벽한 생태계를 이루어가고 있습니다.

　우리는 대상을 바라보는데 있어서 가까이 자세히 보는 방법도 있지만 한걸음 떨어져 멀리 보는 법도 있습니다. 나무만 보지 말고 숲을 보라는 말도 있지요. 캠퍼스의 아름다움을 바라보는 것도 그러합니다. 흔히 알고 있는 관광(觀光)이라는 단어도 관(본다는 뜻) 즉 학(鶴)이 하늘 높이서 그리고 땅에서 멀리 떨어져서 땅을 바라보는 형상이라고 합니다.

통일된 재료와 지형

일반 건물의 형태는 경제적인 원리나 일률적인 건축 형태의 사용으로 통일성이 없어 보이거나 미적 감각에 있어서 다양성의 한계에 노출 될 수 있지만, 신라대학교의 건축의 형태는 오히려 지형에 맞게 통일성이 있으며 그 속에 다양성을 볼 수 있습니다. 형태는 다양하며 재료가 통일 되었을 때 캠퍼스의 공간이 다이내믹하고 좋아진다는 것을 알 수 있습니다.

미국 보스턴의 뉴베리 거리는 붉은색 벽돌로 지어진 유서 깊은 오래된 건물이 있는 거리로 유명한 것처럼 신라대학교 건축물의 재료를 붉은 벽돌로 사용함으로써 재료의 통일감은 물론 아름다

운 캠퍼스를 유지하고 있습니다. 각각의 건축의 형태는 자체가 지니고 있는 건축물의 용도와 사용자들의 동선을 고려하여 아름다운 자연과 주변 컨텍스트를 이용하여 한 편의 영화 속 드라마를 연출하고 있습니다.

자연친화형 건축

1989년 미술관 건립공사를 시작으로 약 20여 년에 걸쳐 조성된 현재의 신라대학교 캠퍼스는 '한국의 10대 아름다운 캠퍼스'로 선정된 만큼, 도시 계획적인 측면이나 건축 계획적인 측면에서 완성도 높은 수준을 보여줍니다. 특히 적벽돌 외장재와 유선형의 건축물들이 보여주는 캠퍼스 전체의 통일성과 조화는 정림건축이라는 대한민국 최고의 건축 설계사가 마스터 플랜을 바탕으로 캠퍼스 내 모든 건축물을 설계하여 이루어낸 성과라 할 수 있으며, 이는 국내에서 매우 드문 사례입니다. 각 건축물은 대학의 기본정신인 자유와 총합으로부터 다양성과 통일성이라는 구체적 계획 개념을 추출하고 이를 자연적 지형지세, 향, 전망 등을 고려하여 원심적, 구심적 성향의 대립 개념을 가진 방사형의 배치 개념으로 표현하여 종합화 된 이미지로서의 캠퍼스를 구성하고 있습니다. 캠퍼스 코어를 중심으로 아카데믹 스파인(Academic Spine)과 캠퍼스 라이프 스파인(Campus Life Spine)의 질서 체계를 설정하고 그에 대응하는 다양한 건축적 공간을 구성하여 구성원 모두에게 새로운 건축과 공간의 경험을 제공함으로써 캠퍼스를 활기 있는 장소로 만들고자 하고 있습니다.

신라대학교 캠퍼스 내 대부분의 건축물들은 모서리가 모나지 않고 둥글게 계획되어 있으며 직선보다는 곡선형의 건축물로 계획이 되어 있습니다. 건축적으로 건축물이 곡선의 형태를 가지게 되면 공간의 활용이 쉽지 않으며, 공사가 어려워지며, 자연스럽게 공사 비용도 많아지게 됩니다. 하지만 이에 대해서 우리나라 건축계의 대부 격인 정림 건축의 김정식 이사장은 "건물 하나, 길 하나를 만들어도 자연훼손을 최소화하고 모난 것보다는 원만한 원형을 만들자는 것이 신라대학교 박이사장의 건축 철학이었다"고 말합니다. 이렇게 만들어진 곡선과 원형의 건축물 배치, 건축물의 형태들은 자연스럽게 사용자가 이동하는데 있어서 다양한 시퀀스들을 만들어냅니다. 도심의 길거리처럼 한눈에 모든 것이 조망되는 것이 아니라, 오솔길을 걷듯이 걷다 보면 보이는 장면 장면들이 시시각각 새롭게 변하면서 다가오는 것입니다. 즉, 걷는 맛이 있는 것입니다. 이런 이유에서인지, 신라대학교 캠퍼스는 인근 주민들의 등산로로도 유명합니다.

부산을 비롯한 국내의 많은 대학들이 캠퍼스의 확보를 위해 산자락에 위치한 경우가 많지만, 신라대학교만큼 자연과 하나 되기 위한 건축적 철학이 잘 드러나는 곳은 드뭅니다. 이러한 정신은 신라대학교 에코 교육 현장으로 이어져 우리나라를 이끌어갈 학생들의 교육에 잘 스며들고 있습니다.

신라대 교가

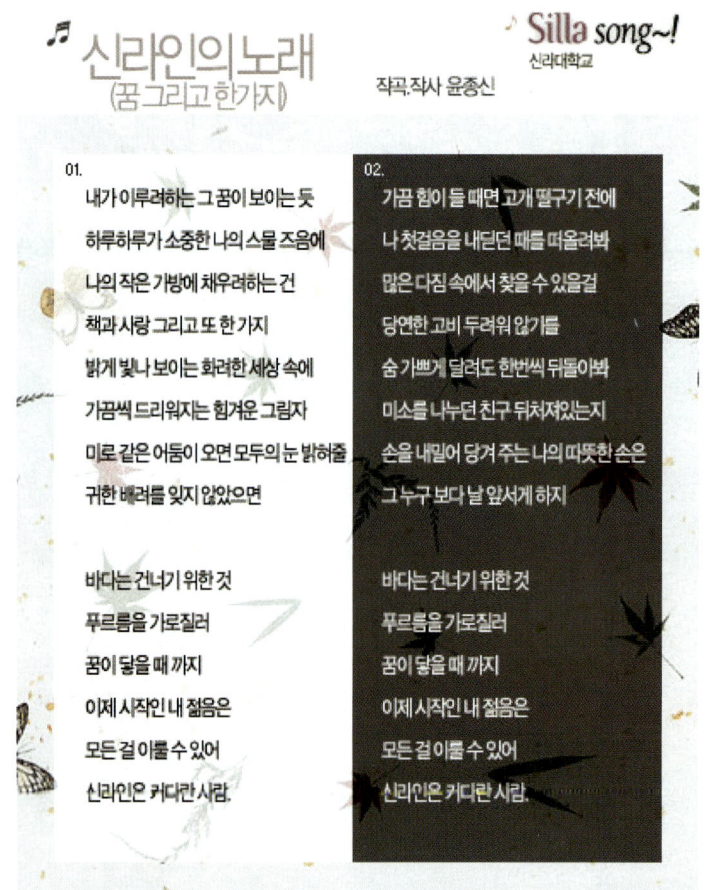

신라대학교 교가는 캠퍼스의 자유분방함을 이야기 하듯하여, 학교의 교가라기에는 자유로우며 부드러운 분위기를 묘사합니다. 유명가수 윤종신이 작사 및 작곡한 곡으로 일반인들이 대중음악 처럼 누구나 따라 부를 수 있는 음정과 가사로 표현합니다.

　　네덜란드 대학생들이 국제슬로시티연맹에서 지정한 에코캠퍼스 견학을 위해 신라대를 찾았습니다. 부산시는 대도시이면서 슬로시티의 기본철학과 이념(친자연적이고 지역의 정체성을 살리면서 지역공동체 활성화를 통해 지역민의 삶의 질향상을 도모한다는 정신)에 적극 동참하고자 하는 활동을 하겠다는 의미에서 국제슬로시티연맹으로부터 슬로시티의 준회원의 자격을 부여받았습니다. 이날 행사는 세계 최초의 슬로시티 협력도시인 부산을 방문한 네덜란드 대학생들이 대도시이면서도 슬로시티의 철학과 이념을 지지하는 부산의 슬로시티 투어코스를 돌아보면서 에코캠퍼스인 신라대 대학생들의 에코 활동을 살펴보고 싶다는 요청에 따라 이뤄진 것입니다. 신라대는 국제슬로시티연맹으로부터 세계 최초로 에코캠퍼스 대학으로 자격을 부여받고 향후 친환경교육과 친환경캠퍼스조성과 운영에 관한 다양한 교류와 협력을 할 것을 바탕으로 협력협약을 맺었습니다.

야경과 낙조의 여유

    건물 지붕 너머로 보이는 야경 위에 건물들의 중첩된 능선이 겹겹이 굽이칩니다. 뉘엿뉘엿 지는 해가 하늘과 산, 들녘, 그리고 건물들을 아련한 붉은 빛으로 물들이기 시작합니다. 기말고사를 준비하고 있는 학생들의 뜨거운 밤. 저녁 늦게 학교에 남아 열심히 공부하고 있을 우리 학생들도 마음의 등불을 밝히고 있습니다.

    낙조를 하염없이 바라보고 있으니 저녁 자리를 알리는 바람소리가 울려 퍼졌습니다. 새 한 마리가 나무 위 꼭대기로 사뿐히 내려 앉아 간절한 마음으로 낙조를 바라봅니다. 오색빛깔 품은 산과 하늘 사이로 황금빛으로 물든 낙조 속에 해가 수줍게 붉어지면서 사랑을 속삭입니다. 먼 도시를 향해 떨어지는 낙조는 흐릿할 때도 있고 더할 수 없이 화려해지기도 합니다. 빛이 소멸하면 색이 사라질 걸 걱정 한 듯 느릿느릿 색이 바래집니다. 그 소망을 위해, 해는 하늘에 걸릴 때보다 바다에 떨어질 때 더 뜨겁다는 걸 이렇게 말하는 것 같습니다.

  곧게 뻗은 우리 대학의 길이 세상과 이어지듯, 우리 학생들의 미래도 더 넓은 세상으로 이어지길 바랍니다.

  해가 길어진 어느 6월의 싱그러운 아침햇살이 비추고 있습니다. 출근길. 우리 대학의 전경은 항상 싱그러움이 그득합니다. 6월의 시작을 알리듯 계절의 열매가 학교 교정 사이사이 맺고 있습니다.

어둠 속 야경

　어둠 속에서 빛나는 도시의 야경은 인간의 삶과 꿈, 그리고 희망을 반영하며 시대의 상징이 되어왔습니다. 야경 속 숨겨진 상징들을 탐구하며 예술과 의미를 찾아 떠나는 다양한 시각에서 경험할 수 있게 해주는 독특한 경험입니다.

　인류 역사의 절반은 무시되었다고 합니다. 즉 낮과 밤이라는 시간의 구분에서 밤은 위험과 공포로 여겨졌습니다. 사실 인류의 역사를 보면 밤이 다가올 때 사람들이 가장 먼저 했던 것은 도둑과 악령으로부터 스스로를 보호하기 위해 문을 걸어 닫는 것이었습니다. 그러나 인류의 역사에서 우리가 상상한 이상으로 밤에서 일어난 것이 많습니다. 누구에게는 밤은 자유의 시간이며 사회적 억압과 의무로부터 벗어나는 소중한 시간이기 때문입니다. 신라대 캠퍼스의 밤 그리고 밤을 비추는 불빛에서 독특한 경험은 어떻습니까?

황금빛 노을

문화가 꽃피는 화랑

 노을 속 황금빛 안개 위에 잊지 못할 감동이 몰려옵니다. 해질녘 하늘 풍경, 특히 온 세상 전체를 붉게 물들이는 노을은 잊을 수 없는 감동을 선사합니다. 특히 황금빛 안개가 낀 날에는 마치 신화 속 한 장면을 보는 듯한 착각을 불러일으킵니다. [1]도종환님의 '저녁노을'이 생각드는 시간입니다. "눈이 그쳤는데 그는 이제 아프지 않을까. 지는 해를 바라보는 동안 나는 내내 아팠다. 서쪽 하늘이 붉게 물드는 동안. 내 안에 저녁노을처럼 번지는 통증을 그는 알까. 그리움 때문에 아프다는 걸."

구름다리 그래픽 디자인

우리가 특정 공간에 대해 애착을 느끼고 오래 기억하는 것은 그 공간에 의미를 부여 하기 때문입니다. 공식으로 대입해 보면 공간 + 의미= 장소(place)가 되는 것이지요. 캠퍼스를 거닐다 보면 학생들의 손길이 여기저기 보입니다. 약간은 서툴기도 하지만 그 흔적들이 학생들로부터 나왔다는 자체가 우리에게 특별하게 다가옵니다. 자, 건물마다 그려진 우리 아마추어들의 그래픽 디자인을 살펴볼까요?

벽화는 글자 그대로는 '벽에 그린 그림'을 뜻하지만, 실질적으로는 벽, 천장 기둥 등 다양한 표면에 인공적으로 그림이나 글씨를 그리는 것으로 인간의 역사와 문화를 반영하는 예술작품이라고

---

1 도종환(都鍾煥, 1955년 9월 27일~)은 대한민국의 교사 겸 시인 출신 정치인이다. 중등 교사로 재직할 때 쓴 시집인 '접시꽃 당신'이 히트를 치며 이름을 알렸다. 대표작으로는 《담쟁이》,《접시꽃 당신》,《당신은 누구십니까》,〈내가 사랑하는 당신은〉 등.

볼 수 있습니다. 벽화는 구석기 시대부터 인류 역사의 시작과 함께했으며, 기록과 전달이라는 의미를 담고 있습니다. 이 시대에는 주로 동굴 벽면에 동물, 사물, 인물들을 그렸으며, 고대 그리스와 로마에서는 벽화가 건축물의 일부로 다양하게 활용되었습니다. 중세 유럽에서는 교회나 성당 등 신성한 장소에 많이 그려졌으며, 예술적인 표현보다 종교적인 메시지를 전달하는 것이 중요시 되었습니다. 현대에서는 도시의 건물 외벽을 장식하기도 하고, 도시의 문제와 사회 이슈를 다루며, 그래피티와 같은 표현 방식도 많이 사용되고 있습니다. 이러한 작품들이 인기를 얻게 되면 그 장소가 관광지가 되고, 작품이 있는 건물 또는 공간의 가치는 급상승을 하게 됩니다. 뱅크시의 작품이 있는 영국 런던의 쇼디치와 레논 벽이 있는 체코 프라하의 말라스트라나도 이와 같은 이유로 유명 관광지가 되었습니다. 국내 많은 도시들도 벽화마을 또는 벽화거리를 조성하여 관광객들을 유치하고 있습니다. 캠퍼스 내의 여러 그래픽 디자인들도 작품에 대한 작가의 메시지가 관람객들에게 전달되어 유명해지길 희망합니다. 또한 미국 애들란타의 작은 문 작품들(Tiny Doors ATL)처럼 기존의 공간 또는 작품에 또 하나의 작품을 추가하면서 새로운 작품들이 계속 탄생할 수 있는 예술 생태계가 조성이 되기를 희망합니다.

▲ 미술관 1

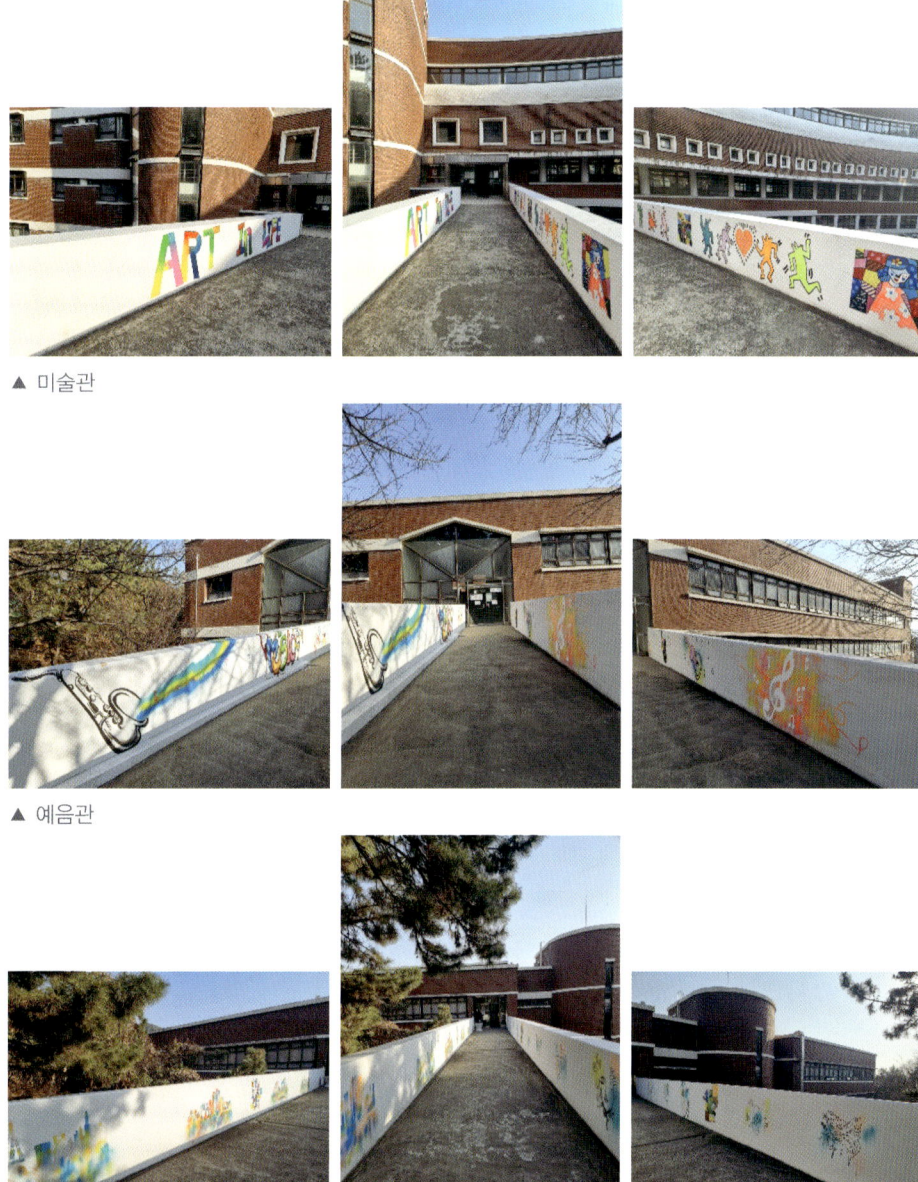

▲ 미술관

▲ 예음관

▲ 국제관

문화가 꽃피는 화랑

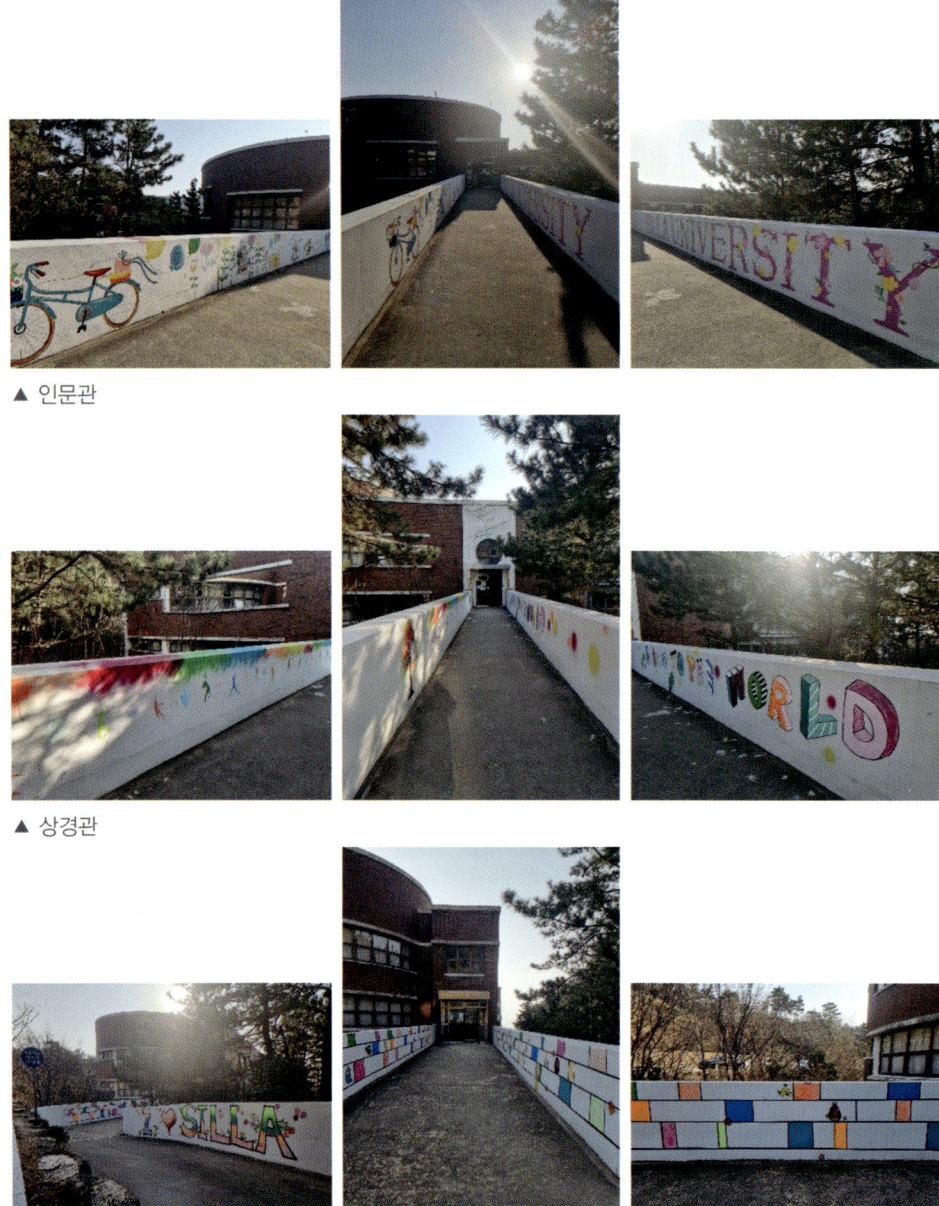

▲ 인문관

▲ 상경관

▲ 사범관

벽화 그래픽

　아름다운 캠퍼스를 한눈에 입체적으로 볼 수 있는 모형이 본관 6층 총장실 앞에 설치되어 있습니다. 이 모형은 우리 대학 기업경영학과(계약학과) 5회 졸업생 ㈜대건모형 김윤경 대표님께서 지난 2016년 6월 우리 대학에 기증하셨습니다.

문화가 꽃피는 화랑

⑪ 신라 사계

문화가 꽃피는 화랑

봄, 여름, 가을, 겨울

인간은 자연의 일부입니다. 자연을 영어로 네이처(nature)이라고 하지요. 그리고 인간을 휴먼 네이처(human nature)라고 하며 또 본래의 성질, 본성(本性)이라고 읽는데 결국 인간은 자연을 닮을 수밖에 없습니다. 1년의 4계절을 통해서 인간은 봄의 새로움, 여름의 기운참, 가을의 풍요로움 그리고 겨울의 한가로움을 배우지요. 이러한 점에서 볼 때 우리는 입학에서 졸업까지 학교 캠퍼스에서 도합 4번의 계절을 배웁니다.

봄날에는 백양산 산허리를 스쳐가는 구름을 바라보고 미래를 생각하며, 여름날은 소나기가 씻어간 캠퍼스에서 마음에 낀 얼룩을 닦아냅니다. 가을날에는 학교 뒷산 산행로에 올라 계곡물에 귀를 기울이며 학기가 끝난 겨울에는 고요하면서 권태롭고 쓸쓸하며 적막함을 즐겨보세요.

우리나라에는 4계절이 존재합니다. 봄, 여름, 가을, 겨울과 같이 계절이 변화는 이유는 무엇일까요? 계절 변화는 지구의 자전축이 기울어져 있는 상태로 태양 주위를 공전하기 때문에 일어나는 현상입니다. 즉 자전축의 기울기와 공전으로 태양의 고도와 낮의 길이가 달라져서 계절의 변화가 나타나게 됩니다. 여름에는 태양의 남중고도가 높고, 낮의 길이가 길기 때문에, 일정한 면적에 도달하는 태양 에너지의 양이 많아져서 기온이 높아지지만, 반대로 태양의 남중고도가 낮고 낮의 길이가 짧은 겨울에는 동일한 면적에 도달하는 태양 에너지의 양이 줄어들기 때문에 기온이 낮아지게 됩니다.

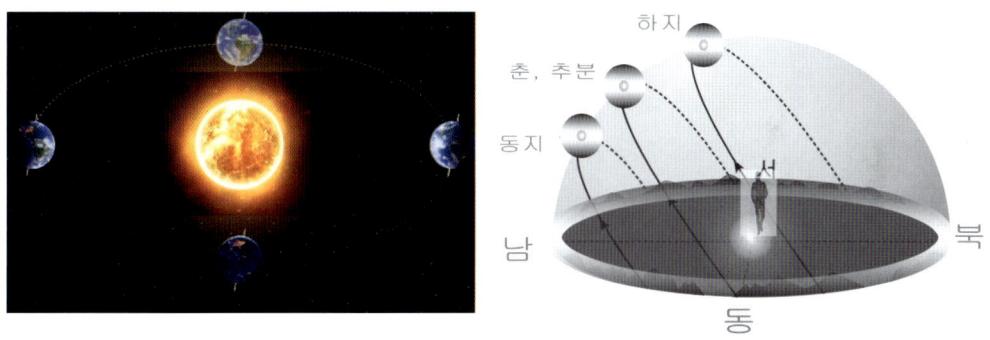

신라대학교 캠퍼스는 봄이면 봄, 여름이면 여름, 사계절 모두가 아름다운 곳입니다. 하루 일정 후 피곤에 지치거나, 머리가 복잡해질 때면 어김없이 건물 밖을 나가 캠퍼스를 산책하곤 합니다. 구석구석 눈길이 안가는 곳이 없는 아름다운 공간입니다.

문화가 꽃피는 화랑

화랑관 주변에 동백꽃이 예쁘게 피기 시작합니다. 회색빛 화랑관과 빨간 동백꽃의 색깔 조화가 참 아름답습니다. 봄이 올 무렵, 학교도 새 학기 맞을 준비를 하느라 분주해지고 밝은 기운들이 온 학교를 감싸고 있습니다.

도서관 입구에서 바라보는 공학관의 모습은 하나의 녹색 전경을 만들어 줍니다. 이국적인 모습에 잠시 눈을 감아 봅니다.

도서관 입구 사이 통로 길을 걷다 보면, 좁은 길 사이로 핀 이름 모를 들꽃들이 계절마다 피고 있습니다. 쏟아지던 비가 그치던 어느 날, 비바람을 이겨내고 수줍은 얼굴을 예쁘게 드러내는 들꽃은 애처롭지만 아름답습니다.

이슬이 있는 이른 아침이나 비 내리는 캠퍼스에 있으면 상쾌한 느낌의 흙냄새(비냄새)를 맡을 수 있습니다. 이 냄새에서 정취와 정겨움을 느끼거나, 기분을 좋게 만든다고 하는데요, 이 흙내음의 정체는 '지오스민'이라는 유기 물질 때문입니다. 지오스민은 땅속에 있는 박테리아에 의해 만들어지는 흙냄새의 주성분이자 화학물질입니다. 식물들이 발산하는 식물성 기름이 흙이나 바위 등의 눈에 보이지 않는 작은 틈새에 저장되어 있다가, 빗방울을 만나면 지오스민과 공기중으로 확산되어서 우리가 알고 있는 흙냄새가 만들어지는 것입니다.

비와 색채의 관계를 보면, 자연이 보여주는 각각의 색채들의 조화가 주는 심리적인 효과는 공통된 느낌이 있으나 개별적이며, 주관적인 측면이 다소 많습니다. 색에는 그것을 보는 사람으로 하여금 흥분을 일으키게 하는 적극적인 색채와 차분하고 가라앉게 하는 소극적인 색채가 있습니다. 전자는 자주, 빨강, 노랑 등 난색(Warm color)의 계열이며, 후자는 청록, 파랑, 초록 등에 걸친 한색(Cool color)인데 황색과 보라, 녹색과 보라 계열을 같이 놓으면 느끼는 무게감이 있어서 각각 앞의 것들이 가볍게 느껴집니다. 명도가 높은 색이 가볍고 같은 명도에서는 채도가 높은 색이 가볍게 느껴집니다. 이처럼 색채에서 느껴지는 감정은 차가움과 따뜻함, 무거움과 가벼움, 화려함과 수수함 등 다양한데 이를 색채 감정(Color feeling)이라 하며 여러 가지 관념이나 정서를 나타내게 됩니다. 비가 온 다음의 캠퍼스를 바라보면 다양한 색채 감정을 느낄 수 있습니다.

문화가 꽃피는 화랑

　버스 정류장 삼거리 주변 호수에는 오늘도 화려한 벚꽃이 고개를 들고 동백꽃은 서서히 사라져 가는 중입니다. 그래도 종종 빛깔 예쁜 녀석들이 생명을 유지하고 있답니다. 자세히 보아야 더욱 더 예쁩니다.

　국제관과 인문관 사이에는 잠시 피었다 사라지는 목련이 보입니다. 그 시기를 놓칠 새라 열심히 보고 또 봅니다. 종합강의동에서 늦은 수업을 마치고 목련을 보러 걸어내려 옵니다. 어둑해질 무렵, 온 몸을 감싸는 산 공기와 움트는 목련 때문에 세상의 모든 피로가 사라지지요. 모두들 집으로 돌아간 고즈넉한 학교가 참 아름답습니다.

정류장 연못 벤치 주변은 같은 공간이지만 다른 색깔들이 연출되기도 합니다. 같은 공간 같은 조건에 살지만 같은 나뭇잎이라도 각각 다른 색을 띠어도 다 예쁘고 잘 성장하는 것처럼 우리도 각자의 개성과 성장 속도는 다르지만 모두 각자의 자리에서 잘 성장하길 바랍니다.

▲ 캠퍼스 내 숲 속에 핀 진달래

문화가 꽃피는 화랑

　잠시 바라본 하늘 위로 탁 트인 하늘이 온 세상을 수 놓고 있습니다. 푸른 하늘 아래 맑은 공기로 지친 일상이 한결 가벼워집니다.

벚꽃의 향연 (봄)

    정문으로 향하는 하교 길에는 송송 피어 있는 벚꽃을 보며 잠시나마 시름을 잊게 됩니다.

    봄을 가지고 언어유희(말 장난)를 한번 해 볼까요? 봄(looking)은 자세히 봄(seeing)으로써 봄(spring)이 왔다는 것을 압니다. 그냥 지나치는 것이 아니라 잘 "봄" 으로써 봄에 새싹과 꽃이 피어나듯이 상상력과 창조력도 피어나는 것입니다.

    신라대 최고의 벚꽃 장소는 정류장 바로 앞이며 접근성도 매우 좋습니다. 벚꽃 역시 인간의 삶처럼, 삶에서 만나지는 잠시 스쳐가는 인연일지라도 헤어지는 마지막 모습이 아름다운 모습이 되고 싶은가 봅니다. 계절이 끝날 무렵 오늘이 마지막인 것처럼 다시는 뒤돌아보지 않을 듯이 등돌려 가지만 언제나 보아도 아름답습니다.

    신라대학교에서는 매년 벚꽃 만개시기에 벚꽃축제를 개최합니다. 캠퍼스 입구부터 수 많은 벚나무가 심어져 있어 조용히 벚꽃을 감상하고 촬영할 수 있습니다. 잎들이 다 자라나고 떨어지는 벚꽃의 모습도 참 아름다운 것 같습니다. 벚꽃이 다 떨어진 모습도 아쉬지만, 또 하나의 아름다움을 선사해주고 갑니다.

문화가 꽃피는 화랑

▲ 직박구리와 벚꽃

의생명관 위 산책길을 걷다 보면, 한적한 느낌을 그리고 자연의 아름다움 속 여유를 느낄 수 있습니다.

운동장에서 바라본 국제교육관의 위용이 파아란 하늘 아래에 숨죽이고 있습니다. 구름 한 점 없는 날, 나무의 푸르름과 국제교육관 갈색이 아름답게 어우러져 온전한 건축물의 아름다움을 느낄 수 있습니다.

인문관 옆 쉼터 주변은 분홍빛이 가득합니다. 벚꽃만큼이나 아름다운 겹벚꽃이 화사하게 피어나 있는 모습에 피로감을 덜고, 긴장을 잠시 풀 수 있는 기회가 됩니다.

봄의 햇살은 따사롭습니다. 추운 겨울이 지나고 주는 자연의 선물이지요. 공강시간에 잠시 캠퍼스에서 디오게네스(그리스의 철학자로 견유학파이며 가난하지만 부끄러움이 없는 자족생활을 함. BC 400~BC 323)가 되어보지 않겠습니까? 알렉산더는 디오게네스가 일광욕을 하고 있을 때 한마디 건 냅니다. "자네가 원하는 것을 해결해 주겠으니 하나만 이야기해보게나". 디오게네스는 말합니다. "부탁이 하나 있소. 지금 당신이 햇볕을 가리고 있으니 살짝 비켜주었으면 좋겠소"

자연 속의 신비(여름)

여름의 자연은 항상 싱그럽고 신비롭습니다.

초오록 나뭇잎 사이로 뜨거운 하늘이 모습을 감추고 있습니다. 푸른 나무 숲 사이에 의자가 홀로 자연을 지키고 있습니다.

마침 꽃이 없는 시기라 숲은 짙푸른 초록으로 덮여 있고 바람이 불지 않아 습기와 열로 누근 누근해진 나무 그늘만이 주위를 맑게 할 수 있습니다.

문화가 꽃피는 화랑

정말 최근에는 뜨거운 폭염이 우리의 삶을 힘들게 하고 있습니다. 그렇지만 조금 생각을 바꾸어 계절은 계절 다와야 제 맛이 있지 않겠습니까? 물론 지구 온난화로 인해서 어느 정도 경각심을 가져야 하는 것은 사실입니다. 정광태 가수가 부른 노래 〈독도는 우리 땅, 1985〉의 가사를 보면 최초 발매 당시 '평균기온 12도'라는 구절이 있습니다. 최근 나온 노래 가사를 보니 행정구역도 바뀌고 독도의 년 평균기온이 13도로 바뀌었더군요. 뭐 암튼 견딜만 하다면 여름의 뜨거움도 즐겨볼 만합니다. 순조 8년 빙허각 이씨가 쓴 가정 살림에 관한 책 〈규합총서〉를 보면 '밥 먹기는 봄같이 하고, 국 먹기는 여름같이 하고, 장 먹기는 가을 같이 하고 술 마시기는 겨울 같이 하라'라는 구절이 있습니다. 모든 음식에는 적정 온도가 있다는 것이지요. 음식마다 적정온도를 지켜야 제대로 즐길 수 있고 또 인간의 체온도 제대로 돌아가며 그래야 건강한 것이 아니겠습니까?

물들어 가는 풍경(가을)

문화가 꽃피는 화랑

    가을이 오는 소리를 들으며 교정을 거닐고 있으면 계절이 어느덧 우리 곁으로 다가옴을 느낄 수 있습니다. 가을을 데리고 고운 단풍잎이 변화하고 있습니다. 백양산 자락 넓은 곳에 위치하고 있는 신라대학교 교정에 하나 둘 알록달록 곱게 빨간 단풍잎들이 물들어가고 있는 중입니다.

    나무들이 아름다운 단풍잎으로 곱게 물들어 가는 풍경을 감상할 수 있으며 학교 뒤쪽으로 만들어져 있는 둘레길을 따라 걸어가면 숲 속 산책로와 만날 수 있습니다.

    한여름의 수련도 가을에는 고개를 숙이고 있습니다. 초가을 버스 정류장 옆쪽에 있는 조그마한 연못에 수련이 예쁘게 피어 있습니다.

연꽃 잎 위로 물방울들이 옹기 종기 모여서 서로를 밀어내고 있습니다.

비오는날 연잎을 보면, 빗방울이 잎을 적시지 못하고 동그랗게 뭉쳐서 미끄러져 떨어지는 것을 볼 수 있습니다. 이때 표면에 있던 오염물이 물방울과 함께 씻겨나가기 때문에 연잎은 항상 깨끗한 상태를 유지할 수 있습니다. 이러한 현상을 '연잎 효과(Lotus effect)'라고 하는데, 왜 이런 현상이 일어날까요? 눈으로 보기에는 연잎 표면이 매끈하게 보이지만, 현미경으로 확대해서 보면 연잎의 표면은 미세한 돌기(융기, bump)로 되어 있고, 일종의 왁스 성분의 코팅제로 덮여 있습니다. 그래서 아주 작은 돌기 위에 떨어진 물방울들은 퍼뜨려지지 않고, 방울로 맺히게 됩니다. 물방울의 표면을 작게 하도록하는 힘인 표면장력에 의해서 물방울은 둥근 모양을 하게 됩니다. 실제로 연잎과 물방울의 접촉면적은 전체 표면의 2~3% 밖에 되지 않기 때문에, 이런 불안정한 상황에서 물방울이 연잎 표면위에서 이리저리 쉽게 굴러다닐 수 있는 것입니다.

문화가 꽃피는 화랑

    교정을 곱게 물들이고 있는 단풍잎은 가을의 동화를 연상시키며 학생들과 방문객들에게 힐링과 평온함을 제공하고 있습니다. 단풍잎이 바람에 흔들리면서 떨어지는 장면은 마치 자연의 예술작품을 감상하는 것과 같은 느낌을 주고 있습니다.

    가을이 되면 나무들은 월동준비 하기 위하여 나뭇잎을 떨어뜨리기 시작합니다. 나뭇잎이 떨어지는 이유는 가지와 나뭇잎 사이에 '떨켜층'이 형성되어 잎들이 바람에 쉽게 떨어질 수 있도록 하기 때문입니다. 떨켜층이 형성되면, 나뭇잎은 뿌리로부터 수분을 공급받지 못해서 말라갑니다. 그리고 햇빛을 받아 만들어낸 녹말을 줄기로 보내지 못하고 나뭇잎 안에 계속 쌓이게 되고 결국

이로 인하여 엽록소가 파괴됩니다. 나뭇잎이 녹색를 띄게 만드는 엽록소가 파괴되니, 엽록소 때문에 보이지 않던 카로틴(Carotene), 크산토필(Xanthophyll)과 같은 색소가 나타나 나뭇잎이 노랗게 보이게 되거나, 혹은 안토시아닌(Anthocyanin)이라는 색소가 생성되어 잎이 붉게 보이게 되는 것입니다.

단풍잎은 주로 노란색, 주황색, 붉은색 등 다양한 색상으로 변하며 나무들의 가지와 가지 사이로 아름다운 풍경을 만들어 내고 있습니다. 신라대학교 교정에는 벚꽃나무가 많이 심어져 있어서 봄에는 화사한 벚꽃터널을, 여름에는 울창한 푸른 숲으로, 가을에는 자연의 변화하는 감정을 묵묵하고 아름답게 물들이고 있습니다. 교정에 예쁘게 물들어가는 단풍잎은 가을의 아름다움을 더해주는 자연의 선물 같습니다. 단풍잎이 만들어내는 아름다운 풍경을 감상하면서 산책을 즐기면 일상에서 벗어나 자연과의 조화를 느낄 수 있습니다. 중요한 것은 이 모든 것이 공짜라는 것입니다. 새의 노래도 공짜로 들을 수 있고 캠퍼스의 아름다운 풍경도 무료입니다. 자연은 이 모든 것을 아낌없이 베푸는데 왜 굳이 이것을 거절할 이유는 없지요.

서정주 시인의 시 〈국화 옆에서〉 한 소절, '한 송이 국화꽃을 피우기 위해 봄부터 소쩍새는 그렇게 울었나 보다'가 떠오르는 군요. 가을은 결실의 계절이고 수확의 계절입니다. 신학기 봄에 계획한 일들을 하나하나 마무리를 지어가는 것이 가을 2학기입니다. 자, 여러분은 가을의 교정을 거닐면서 단풍잎의 화려함 만큼이나 화려한 성과를 거둘 준비가 되어 있나요?

늦가을의 정취는 고즈넉함을 더합니다. 낙엽이 지고 발가벗은 가지만 남아 있는 모습을 한번 담아 보았습니다. 메타세쿼이아는 조금씩 물이 들어가는 중입니다.

아직 많이 춥지 않아 연못에 수련 잎이 싱싱하게 보입니다. 신라대학교 교정은 넓은 잔디밭과 숲으로 교정 곳곳에 연못, 잔디밭과 숲이 조성되어 있어 학생들이 휴식과 운동을 즐길 수 있습니다.

노을지기(가을)

저녁 노을 아래 연못의 색이 점점 밝아오고 있습니다. 연못 둘레로 꽃들이 붉게 물들어 가는 시간입니다. 가을에는 단풍이 우거져 아름다운 경치를 자랑하기도 합니다. 산중턱에서 내려다 볼 수 있는 노을 만이 전체 하늘의 감흥을 더해줍니다. 넓게 펼쳐진 노을의 아름다움을 고스란히 느낄 수 있습니다.

눈 쌓인 캠퍼스(겨울)

하얀 눈이 눈꽃이 되어 눈 쌓인 교정은 정말 아름답습니다. 더군다나 아무도 밟지 않은 눈들이 쌓인 광경은 환상적입니다. 기숙사 근처에는 더운 나라에서 온 외국인 유학생들이 신이 나서 뛰고 있습니다. 눈 오는 날에는 모든 교정이 하얀색으로 화려하게 옷을 갈아 입고 형형색색 자신의 자태를 뽐내고 있습니다.

'눈발이 잘면 춥고, 눈발이 크면 날씨가 따뜻해진다'라는 말을 들어본 적이 있나요? 우리 선조들의 속담처럼 눈의 형태(크기)에 따라서 날씨가 춥거나 따뜻해질 수 있을까요? 눈이란 대기 중에 있는 구름으로부터 지상으로 떨어져 내리는 얼음 결정을 말합니다. 다양한 눈의 종류 중에서 함박눈은 여러 개의 눈의 결정이 서로 달라붙어서 큰 눈송이를 형성하여 내리는 눈을 말합니다. 함박눈은 바람이 불지 않는 날, 날씨가 따뜻하고 습도가 높을 때 내리기 때문에, 습기를 많이 머금고 있는 함박눈은 잘 뭉쳐져서 눈사람을 만들거나 눈싸움을 할 때 좋습니다. 반대로 가루눈은 바람이 세게 불고 추운 날에 내리는데, 습기가 거의 없어 잘 뭉쳐지지 않습니다. 함박눈은 기온이 상대적으로 높은 날, 수분을 많이 함유하고 있는 구름에서 내리고, 가루눈은 기온이 낮은 날 수분을 적게 함유하고 있는 구름으로부터 내리기 때문에, 우리의 선조들은 눈의 모양을 통해서 날씨를 비교할 수 있었던 것 같습니다.

그 여름 울창했던 나무들은 어디 갔을까요. 문득 미국의 시인 앨리스 메이 더글러스의 '누가 나무를 가장 좋아하나(Who love the tree best?)'라는 시가 떠오르는 군요. 누가 나무를 가장 사랑하지? 봄이 말했다. '나지. 내가 나무에 예쁜 나뭇잎 옷을 입혀주거든'. 누가 나무를 가장 사랑하지? 여름이 말했다. '나야. 내가 나무에 하얗고 노랗고 빨간 꽃을 피워주니까'. 누가 나무를 가장 사랑하지? 가을이 말했다. '나야. 난 맛있는 과일을 주고 화려한 단풍을 입혀 준다고'. 누가 나무를 가장 사랑하지? 겨울이 말했다. '내가 제일 사랑해. 난 나무에게 휴식을 주니까'. 겨울이 우리에게 주는 덕은 쉼과 휴식 인 것 같습니다. 그리고 생명이 약동하는 봄에 대한 기대감을 주기도 하지요.

문화가 꽃피는 화랑

　본 장을 마치며 이탈리아의 작곡가 안토니오 비발디가 1725년에 작곡한 사계(四季, Le quattro stagioni)를 들으면서 여지없이 찾아오는 계절에 잠겨 보시는 것이(思季) 어떤지요. 아마도 귀에 익숙할 것입니다. 여름 1악장에서 천둥번개를 듣고 겨울 밤의 고독함을 만끽하는 것도 좋겠습니다. 일본 동요에도 사계(四季の歌)가 있는데 사람들은 각각 좋아하는 계절의 성품을 담는다고 하는군요. 봄을 사랑하는 사람은 마음이 맑고, 여름을 사랑하는 사람은 마음이 강하고, 가을을 사랑하는 사람은 마음이 깊고, 겨울을 사랑하는 사람은 마음이 넓다고 노래하고 있습니다. 지금 이 글을 읽는 당신은 어느 계절을 좋아하나요?

신라대학교

11. 신라 사계 — 199

맺음말

각각의 문화는 그 지역의 기후와 지형과 공간적 환경에 맞게 형형색색의 변화를 만들어 오고 있습니다. 서로 다른 문화 간의 융합과 자연과의 조화는 매우 중요한 요소로 자리 매김하고 있습니다. 비록 서로 다른 물감이 적당히 섞이면 아름다운 색을 만들지만, 너무 많이 혼합되면 무채색이 되는 것처럼 각각의 문화들의 조화가 환경에 있어서 매우 중요한 요소라 하겠습니다. 오랜 시간을 거쳐서 아주 복잡한 인공의 생태계가 만들어지듯이 학교가 가지는 캠퍼스 역시 여러가지 다양한 변수 속에서 그 중요한 요소들을 간직하고 있으며 지속적으로 변화하고 있습니다.

자연 속 캠퍼스는 또 하나의 작은 문화의 공간입니다. 건축, 디자인, 예술을 넘어 인문, 사회과학 등 다양한 사회의 콘텐츠가 함께 어우러져 숨쉬고 있습니다.

우리는 거대한 문화와 현란한 변화 속에서 살아가고 있습니다. 이러한 환경은 온전한 즐거움을 자아내지 못할 수도 있습니다. 학교는 단순히 건축물이나 공간들을 모아 놓은 곳은 아닙니다. 학생들과 교직원들은 수십년 동안 매일 같이 접하는 캠퍼스에서 의미를 축적해 나갑니다. 우리 대학의 캠퍼스는 자연이 품고 있고 자연과 조화를 이룬 건축물이 있고 그리고 자연을 닮은 사람들이 있습니다. 필자는 본 책을 집필하기 위해서 각자가 가진 전공의 시선으로 그동안 몸 담아온 캠퍼스의 여러 곳을 다시 한번 바라보았으며 떠오르는 단상을 혼자만으로 간직하기는 아까워서 활자와 그림으로 나누고자 하였습니다.

최승복 교수는 실내디자인학 전공으로 아름다운 건축, 음악, 예술이 있으며, 시공을 뛰어 넘어 문화와 이야기가 살아 있는 캠퍼스 속 스토리텔링을 꿈꾸어 왔습니다. 자연 속 캠퍼스는 아마도 시간적 구성이 될 수 있는 매우 신비롭고 흥미 있는 개념을 지니고 있습니다.

양승훈 교수는 관광학 전공으로 여행객의 설레임을 품고 익숙했던 캠퍼스 전경을 새롭게 바라보았습니다. 여행객의 본분은 새로운 눈으로 관광대상물을 바라보며 새롭게 생성하는 의미를 해석하는데 있기 때문입니다 더욱이 관광의 볼 관(觀)은 자세히 보는 것이며 자세히 봄으로서 알게 되며 알게 되면 될수록 사랑에 빠지게 됩니다.

황인주 교수는 기계공학 전공으로 캠퍼스의 풍경과 그 속에서 발생하는 다양한 자연현상에 대해서 과학적 또는 공학적 시각에서 바라보았습니다. 파란 하늘, 저녁 노을과 같이 우리에게 너무 익숙하여, 당연하게 생각될 수 있는 풍경들에 대해서 이성적인 관점에서 바라보고, 그 원인에 대해서 같이 이야기하고자 하였습니다.

문화가 꽃피는 화랑

작품리스트

▲ p.34

▲ p.62

▲ p.48

▲ p.76

신라대학교

▲ p.96

▲ p.109

▲ p.123

작품리스트 ___ 203

문화가 꽃피는 화랑

▲ p.140

▲ p.153

▲ p.172

▲ p.200

참고문헌

Book

1. 자연과 디자인, 최승복, 기문당, 2020. 08
2. 건축 음악처럼 듣고 미술처럼 보다, 서현, 효형출판, 2004 10
3. 도시는 무엇으로 사는가, 유현준, 을유문화사, 2018

Website

1. 신라대 캠퍼스의 숨겨진 아름다움-백양산계곡|작성자 너럭바위
   https://blog.naver.com/jhongsub/60133727340
2. Jean Nouvel
   https://blog.naver.com/2828qjs/221909773765
3. https://blog.naver.com/superad2/60191483824
   "잘 가르치는 대학" 신라대, 네덜란드 학생 에코캠퍼스 견학차 방문
4. https://blog.naver.com/sunkyungkdh/60028392082
   코스모스의 뜻과 유래|작성자 제임스 김

논문

에코캠퍼스의 이론적 고찰 및 국내·외 사례 분석/ 손수진, 남영숙/ 환경교육학회

지속 가능한 그린 캠퍼스 조성계획에 관한 연구/ 윤용권, 이명식/ 한국교육시설학회

문화가 꽃피는 화랑
신라대학교

1판 1쇄 인쇄 | 2024년 12월 15일
1판 1쇄 발행 | 2024년 12월 20일
지은이 | 최승복, 양승훈, 황인주
펴낸이 | 강정민

진행 | 강무원
마케팅 | 조옥경
표지디자인 | 유아영
편집 | 카리스북
인쇄제작 | 갑우문화사

펴낸곳 | 다니북스
등록 | 제2021-000014호
전화 | (02) 6409-5328   **팩스** | 2691-0091
ISBN | 978-11-987658-2-6

정가 25,000원

이 책에 수록된 작품과 내용은 저작권법에 따라 보호를 받는 저작물이므로
무단전재와 무단복제, 광전자 매체 수록 등을 금합니다.
잘못된 책은 사신 서점에서 바꾸어 드립니다.